Fern der Welt und doch mittendrin – Mein Leben als Eremit

Bruder Otto Stahl

Fern der Welt und doch mittendrin

MEIN LEBEN ALS EREMIT

Wegweisende Impulse für alle Lebenslagen

Mit Daniel Oliver Bachmann

INTEGRAL

Die in diesem Buch vorgestellten Informationen und Empfehlungen sind nach bestem Wissen und Gewissen geprüft. Dennoch übernehmen die Autoren und der Verlag keinerlei Haftung für Schäden irgendwelcher Art, die sich direkt oder indirekt aus dem Gebrauch der hier beschriebenen Anwendungen ergeben. Bitte nehmen Sie im Zweifelsfall bzw. bei ernsthaften Beschwerden immer professionelle Diagnose und Therapie durch ärztliche oder naturheilkundliche Hilfe in Anspruch.

MIX
Papier aus verantwortungsvollen Quellen
FSC® C014889

Penguin Random House Verlagsgruppe FSC® N001967

Erste Auflage 2022

Redaktion: Sabine Zürn
Abbildungen im Bildteil: Seiten 1-13 und 16 © Sonja Herpich,
Seiten 14-15 © Bruder Otto Stahl privat.
Umschlaggestaltung: Guter Punkt, München,
unter Verwendung eines Fotos von © Sonja Herpich
Layout und Satz: Satzwerk Huber, Germering
Druck und Bindung: Pustet Regensburg
ISBN 978-3-7787-9313-8

www.integral-verlag.de
www.facebook.com/Integral.Lotos.Ansata

INHALT

1. ACHTUNG VOR SICH SELBST ERLANGEN

»Ich glaube an Gott, den Vater, den Allmächtigen, den Schöpfer des Himmels und der Erde«, sprach meine Großmutter und schritt dabei beherzt voran. Ich hatte Mühe, ihr auf meinen kurzen Beinen zu folgen. Ich war zehn Jahre alt und kannte den Weg auswendig, so oft war ich ihn schon mit Großmutter gegangen. Und immer betete sie dabei den Rosenkranz. Und ich mit ihr: »Ich glaube an den Heiligen Geist, die heilige katholische Kirche, Gemeinschaft der Heiligen, Vergebung der Sünden …« Dabei hatte ich keine Ahnung von der Vergebung der Sünden und ob es einen Heiligen Geist wirklich gab. *Das bringt mir doch nichts,* dachte ich, aber da waren wir auch schon am Ziel.

Auf dem Pilgerweg

Das Bruderkirchle liegt an der Steige, eine der alten Straßen, die durch den Schwarzwald auf die Baar führen. Stellen Sie sich den Schwarzwald in meinem Geburtsort

Vöhrenbach gern so vor, wie es der Name schon sagt: Hier gibt es sie noch, die endlos dichten Tannen- und Fichtenwälder.

Im 19. Jahrhundert war das eine bettelarme Gegend. Die Winter dauerten von Oktober bis April, waren schneereich und kalt. Es versteht sich fast von selbst, dass man hier die Ursprünge der Schwarzwälder Uhrenindustrie findet. In kleinen Werkstätten entstanden die preisgünstigen Uhren aus Holz, die so stark gefragt waren, dass sie von Uhrenträgern zu Fuß in alle Welt gebracht wurden. Daraus entstanden Handelskompagnien und später Uhrenfabriken, was der arbeitenden Bevölkerung aber wenig nutzte, denn sie blieb arm. Und starb früh: Durch das Bemalen der Uhrenschilder mit giftigen Lacken sank die Lebenswartung in diesen Regionen des Schwarzwalds unter vierzig Jahre.

Kein Wunder also, dass die Menschen an Orte wie dem Bruderkirchle pilgerten, um für bessere Zeiten zu beten. Die ließen dann auch nicht lang auf sich warten: Aus den alten Uhrenfabriken wurden hochmoderne Betriebe, in denen die neuesten Technologien zum Einsatz kommen. In Furtwangen, einer Stadt unweit von Vöhrenbach, entstand aus der früheren Uhrenschule eine der führenden deutschen Hochschulen für Informatik und Digitale Medien.

Von alledem war aber noch nichts zu spüren, als ich mit meiner Großmutter Ende der Sechzigerjahre zum Bruderkirchle pilgerte. Der Ursprung dieser Kapelle liegt im Dunkeln. Im Mittelalter sollen Beginen dort eine Betgemeinschaft eingerichtet haben. Eine Urkunde aus dem Jahr 1651 bezeugt die über Jahrhunderte abgehaltene »Sieben-Frauen-Wallfahrt«. Während des Dreißigjährigen Krieges, als die nahe gelegene Stadt Villingen in Kämpfe und Belagerungen verwickelt war, zogen sich die sogenannten Waldbrüder hierher zurück. Auch eine Eremitage wurde errichtet.

Könnte man in die Zukunft blicken, hätte ich kleiner Bub von diesem spirituellen Ort durchaus angezogen sein können. Doch das war nicht der Fall. Ich begleitete die Großmutter zwar freiwillig, doch vor allem aus dem Grund, weil es immer noch besser war, als zu Hause zu sein. Mein Vater konnte sehr jähzornig werden, und da war es klüger, ihm aus dem Weg zu gehen. Also folgte ich der Großmutter in den Wald. Und betete dabei den Rosenkranz, dessen Worte ich nicht verstand: »Der von Johannes getauft worden ist. Der sich bei der Hochzeit in Kana offenbart hat …« Welche Hochzeit, welche Taufe, was sollte das alles?

Die Macht der Demut

Ich hatte Fragen, aber da gab es noch etwas anderes: Was ich auf diesem Weg empfand, jedoch nicht in Worte fassen konnte, war ein Gefühl von tiefster Demut. Drei der fünf Buchstaben dieses Begriffs sprechen vom Mut – also die Mehrzahl. Denn es gehört Mut dazu, demütig zu sein, und das lernte ich damals, erst hinter der Großmutter herstolpernd und später auf vielen weiteren Stationen meines bewegten Lebens.

Heute bedeutet Demut für mich: Wer sich kleinmacht, gewinnt an Größe. »Denn nicht mein Wille geschehe, sondern dein Wille.« Auch dieser Satz gehört zum Rosenkranz, den meine Großmutter auf dem Weg von Vöhrenbach zum Bruderkirchle und wieder zurück unablässig vor sich hin murmelte. Bei jeder großen Perle betete sie: »Dein Reich komme, dein Wille geschehe, wie im Himmel, so auf Erden.«

Da taucht sie auch schon auf, die Erde. Denn mit der Demut komme ich zurück zur Erde, kann ich mich also erden. Und glauben Sie nicht, ich hätte das nicht nötig, nur weil ich Jahre in einem japanischen Zen-Kloster verbracht habe und heute als Einsiedler lebe. Auch ich sitze manchmal auf dem hohen Ross, wenn ich wieder mal glaube, ich sei der Größte. Wenn die Medien schmeichelhafte Porträts über mich schreiben. Wenn das Fernsehen kommt und seine Kameras einschaltet, weil ein Einsiedler in den Zeiten des Corona-Virus doch etwas sagen kann in Sachen Lockdown und Rückzug. Ja, das kann er – doch danach kämpft auch er um seine Demut. Das ist nur menschlich. Da geht es uns allen gleich. Mir. Ihnen. Jedem.

Wissen Sie, dass Demut auch eine Form von Macht ist? Jesus hat es uns gezeigt, auch der heilige Franziskus. Vermeintlich starke Gegner rechnen nicht damit, dass in der Offenbarung von Schwäche wahre Stärke liegt. Deshalb will ich lieber in Demut besiegt werden als mit

Stolz siegen. Demütig sein bedeutet, zuerst an andere zu denken, und das ist zu meinem Lebensmotto geworden: Ich will nicht der Erste sein, sondern der Letzte.

Nachdem im Jahr 2020 die Pandemie über uns hereinschwappte, nahm ich überall um mich herum Demut wahr, als die Menschen Hilfsbedürftige fragten, ob und wie sie sie unterstützen könnten. Die COVID-Zeit ist nicht vorbei, doch die Demut hat sich vielerorts verflüchtigt. Oder denken wir an die sozialen Medien, an Facebook, Instagram und TikTok: Wo ist dort Demut zu finden? Dort ist jeder der Größte, der Beste und der Schlaueste. Jeder führt ein glänzendes und erfolgreiches Leben, jeder holt für sich stets das Optimum heraus.

Ich kann mit so etwas nicht aufwarten. In der Schule war ich keine Leuchte. Als ich meine Lehre als Buchdrucker abschloss, starb dieser Beruf von heute auf morgen sang- und klanglos aus. Ich war Punker, ich trank zu viel, ich versuchte sogar einmal vergeblich, mich umzubringen. Ich wusste überhaupt nicht, wo mein Platz im Leben war. Trotzdem kam mir nie in den Sinn, dass womöglich mangelnde Demut der Ausgangspunkt meiner Sinnkrise war. Kommt Ihnen das, zumindest teilweise, irgendwie bekannt vor?

Inzwischen ist viel Zeit vergangen, oder wie man in Wolfach sagt, wo meine Klause im Wald liegt: »Es ist viel Wasser den Bach runtergegangen.« Ein sinniger Spruch in einer Gegend, wo die Flüsse Kinzig und Wolf zusammenkommen, und wo in alten Zeiten die Wolfacher Bäume fällten und zu langen Flößen zusammenbanden, um auf ihnen »hinab ins Land« nach Rotterdam zu fahren. Sie hatten eine Aufgabe, die Wolfacher, und das sage ich heute ihren Nachkommen, wenn sie den Pilgerweg aus dem Städtchen hoch zu mir in die Einsiedelei nehmen: »Wir alle haben eine Aufgabe auf dieser Erde. Noch bevor wir auf die Welt kamen, sprachen wir mit Gott darüber, was wir zu tun und zu lassen haben. Angekommen auf der Erde, hat der Verstand die Aufgabe vergessen, doch wir tragen sie tief in unserem Herzen. Daher machen wir uns auf die Suche. Auf dieser Suche lernen wir – hoffentlich – die Macht der Demut kennen.«

Ich bin auch so ein Suchender, und davon will ich Ihnen in diesem Buch erzählen. Die Suche hat mich zum Eremiten gemacht, doch ich bin alles andere als weltabgewandt. Die Menschen kommen zu mir in meine Klause, und ich gehe zu ihnen. Zum Beispiel für die Sterbebegleitung, die mich vor allem in der Pandemie-Zeit stark gefordert hat.

Ein junger Bursche, gerade mal sechzehn Jahre alt, lag wegen COVID im Sterben. Als ich an seinem Bett saß und seine Hand hielt, fragte er mich: »Bruder Otto, warum muss ich schon sterben?« Ich bin überzeugt davon, dass dieser junge Mensch seine Herzensaufgabe bereits bewältigt hatte. Und wenn wir unsere Aufgabe erledigt haben, wird es Zeit für uns zu gehen. Das sagte ich ihm auch: »Weil du alles schon getan hast.« Und wie alle, die ich in den Tod begleite, ging auch er mit einem Lächeln auf den Lippen. Ich habe noch niemanden begleitet, bei dem das nicht der Fall war.

Und doch ist es für mich jedes Mal eine neue Übung in Demut. Ein alter Herr, ein echtes Original aus dem Städtchen, gab mir darin eine Lehrstunde. Solche Menschen bezeichnet man in unsere Ecke Deutschlands als »knitz«, was so viel heißt, dass sie auf liebenswerte Weise gewitzt sind. Die Wahrheit sprechen sie gern mit einem Lächeln aus, so auch dieser alte Herr, an dessen Sterbebett ich saß. »Otto«, sagte er zu mir, »ich sterbe, aber komm du mal von deinem hohen Ross runter, denn eines Tages gehst auch du.« Warum er das sagte? Weil man in jeder Lebenssituation seine Demut verlieren kann, auch ich. Es ist unsere fortwährende Aufgabe, an ihr zu arbeiten – genau wie ein Sportler seine Muskeln trainieren muss und ein Musiker auf seinem Instrument übt.

Ähnlichkeiten

Eines Tages konnte meine Großmutter den Weg zum Bruderkirchle nicht mehr bewältigen. Der Arzt hatte zu ihr gesagt: »Trinken Sie ein Gläschen Rotwein am Tag, das tut Ihnen gut.« Vielleicht dachte sie, wenn ein Gläschen guttut, tun zwei doppelt gut, und drei sind noch besser. Am Ende waren es zu viele.

Ihr Mann war damals schon lange tot, doch für mich blieb er lebendig. Dabei hatte ich meinen Opa nie kennengelernt, denn er starb, einen Monat bevor ich im Jahr 1959 auf die Welt kam, genau am Tag seines Geburtstags. Das ist bei Weitem nicht die einzige Übereinstimmung zwischen uns. Von Kind auf hörte ich, dass ich ihm »wie aus dem Gesicht geschnitten« sei.

Opa hatte seinen Ruf weg, denn er war Wilderer. Die hatten einst im Schwarzwald einen ganz besonderen Stand. Auf der einen Seite brachen sie das Gesetz, auf der anderen Seite versorgten sie ihre Mitmenschen oft mit dem Nötigsten. Deshalb verriet man einen Wilderer nicht. Wurde jedoch die Obrigkeit seiner habhaft, erging es ihm schlecht. Nun kannten die Wilderer aber die versteckten Pfade im Wald besser als ihre Häscher, und das war auch bei meinem Opa der Fall. So gewann er im Laufe seines Lebens viel Ansehen und wurde sogar im Rathaus von Vöhrenbach mit einem Gemälde bedacht – nicht als frevelnder Wilderer, sondern als tugendhafter Jäger. »Der Otto«, sagten die Leute, »war ein bisschen verrückt« – verrückt im besten Sinne des Wortes: abgerückt vom Rest der Gesellschaft. Das hat mich stark geprägt.

Mir war immer, als ob mein Opa in mir weiterlebte. Dieses Gefühl wurde eines Tages so stark, dass ich darauf bestand, nicht länger mit meinem Taufnamen Jürgen angesprochen zu werden, sondern mit seinem Namen. Dieser ist mir bis heute geblieben: Otto Stahl oder eben Bruder Otto. Als ich mich in späteren Jahren intensiv mit dem Buddhismus befasste, in dem die Seelenwanderung eine bedeutende Rolle spielt, konnte ich vieles besser verstehen: Mein Opa war äußerst naturverbunden und ständig im Wald, genau wie ich heute. Er sprach mit den Bäumen wie mit Lebewesen, ganz in der Tradition des heiligen Franziskus, und auch ich tue das. Er war ein

Schelm, der seine Mitmenschen liebte und sie über alles stellte, vor allem über sich selbst – und das ist auch mein Lebensmotto. Ob mein Opa jemals den Begriff Demut gehört hatte, weiß ich nicht. Aber er hätte sehr viel damit anfangen können.

Praxisübung: **Waldbaden**

Wer seine Demut schult, schult die Achtung vor sich selbst. Die Demut, lateinisch »humilitas«, erdet uns. Das können wir üben, und ich verspreche Ihnen, dass diese Übung eine wunderbare Angelegenheit ist. Im Japanischen nennt man sie »Shinrin Yoku«, ein Begriff, der unter der Bezeichnung »Waldbaden« in unseren Kulturkreis gelangte.

Dabei geht es um den achtsamen Aufenthalt im Wald, oder in meinen Worten: Wir dürfen wieder staunen wie die Kinder. Das ist, was ich tue, wenn ich unter den großen Bäumen spazieren gehe und die Terpene der ätherischen Öle einatme, die sie verströmen. Ich staune und schwärme: Denn von unseren Bäumen profitieren wir bei jedem Atemzug. 4,6 Tonnen Sauerstoff produziert eine hundert Jahre alte Buche pro Jahr – einem Erwachsenen wie mir reicht diese Menge für dreizehn Jahre. Gleichzeitig ist jeder Baum ein Kohlendioxidfresser: An einem sonnigen Tag verarbeitet er 9400 Liter CO_2, was dem Ausstoß von drei Einfamilienhäusern entspricht. Auf Deutschland hochgerechnet entlastet

der Wald die Atmosphäre Jahr für Jahr um 65 Zillionen Tonnen Kohlendioxid.
Ich habe das Glück, mitten im Schwarzwald zu leben, doch in Deutschland kann jeder waldbaden, denn noch immer hat unser Land mit rund 11,4 Millionen Hektar den größten Waldanteil in Europa. Das entspricht einem Drittel der Fläche. Und was für Wald das ist! Vielleicht finden wir darin keinen 9500 Jahre alten Baum, so wie die schwedische Fichte »Alt Tjiko«, doch viele Bäume, unter denen wir wandeln dürfen, sind sehr viel älter als wir. Das lässt mich staunen. Das verwurzelt mich fest in der Erde. Das macht mich demütig.
Wenn Sie also das nächste Mal in den Wald gehen, lassen Sie die Siebenmeilenstiefel zu Hause. Fressen Sie nicht Kilometer auf einem Rundweg, sondern gehen Sie bewusst Schritt für Schritt, meditierend, staunend. Staunen Sie über das grüne Moos, staunen Sie über die Welt im Kleinen! Spüren Sie das wunderbare Gefühl der Demut, wenn Sie langsam durch den Wald spazieren!

Die wilden Jahre

In meinem früheren Leben gab es kein Waldbaden. Wie ich Zen-Mönch geworden bin, wie ich zum Einsiedler wurde, darüber werde ich später mehr erzählen, und auch, was mich in die Freiburger Punkerszene brachte, zu einer Zeit, als in der Breisgau-Metropole der Kessel kochte und politischer Widerstand zur Tagesordnung gehörte.

Damals sollte in Whyl am Kaiserstuhl, also ganz in der Nähe der Stadt, ein Atomkraftwerk gebaut werden. Der damalige Ministerpräsident Filbinger verkündete, ohne dieses Kraftwerk würden die Lichter ausgehen. Das Gelände für das AKW lag in einem erdbebengefährdeten Gebiet, umgeben von Weinbergen und dem größten Obstgarten des Landes. In Freiburg formierte sich der Widerstand. Die Anti-Atomkraft-Bewegung organisierte sich, aus der die Partei der »Grünen« hervorging. Mit »Radio Dreyeckland« ging die erste Piratenstation Deutschlands auf Sendung, die illegal über UKW aus dem Schwarzwald, dem Elsass und der nahen Schweiz die Protestbewegung unterstützte. Daneben entwickelte sich in der Stadt eine entschlossene Hausbesetzerszene. Tausende demonstrierten gegen die polizeiliche Räumung der besetzten Häuser im sogenannten »Dreisameck«. Schließlich wurde auch der »Schwarzwaldhof« zwischen Tal- und Schwarzwaldstraße besetzt. Rund hundert Menschen wohnten in der einstigen Knopffabrik.

In dieser Gemengelage wusste ich oft nicht, wo mir der Kopf stand. Ich arbeitete als Drucker in der berühmten »Bundschuh«-Druckerei, benannt nach der Bundschuh-Bewegung aufständischer Bauern im Mittelalter. Nicht zufällig druckten wir die Protestschriften der aufständischen Bewegung dieser Zeit. Ich wohnte in einer WG mit vielen Akademikern, die so viel mehr wussten als ich, der einzige Arbeiter unter ihnen. Gleichzeitig drehte ich mit einigen angesagten Künstlern schrille Avantgarde-Videos, trank viel zu viel und stand doch jeden Morgen wieder pünktlich an der Druckerpresse. Heute würde ich sagen: Ich fühlte mich wie Gott. Unbesiegbar. Unsterblich. Das absolute Ego: *Ich bin der Tollste, ich bin der Beste, ich habe alles unter Kontrolle.*

Was, ich trinke zu viel? Kein Problem, ich kauf mir ein Sofa, setz mich drauf, mach mir einen gemütlichen Abend zu Hause und lass das Saufen sein. Kaum stand das Sofa da, erhob ich mich, ging in den »Geier«, die damals angesagte Kneipe in Freiburg für alle Revoluzzer, Punker, Künstler und Staatenlose, und trank die nächsten Biere.

Exkurs über den Alkohol

Demut bedeutet, dass wir unsere Stärken und unsere Schwächen sehen. Dass wir sie anerkennen und uns nicht dafür verurteilen. Damals griff ich zur Flasche, um zu flüchten, wenn das Leben zu hart wurde.

Ja, es ist schon eine seltsame Sache mit dem Alkohol. Vielleicht wissen Sie, dass manche Angehörige indigener Völker geringere Mengen eines für den Alkoholabbau wichtigen Enzyms aufweisen. Bei der »Eroberung« des sogenannten »Wilden Westens« im 19. Jahrhundert nutzten das die europäischen Kolonialisten für ihre Zwecke aus. Nicht die Winchester ebnete ihnen den Weg nach Kalifornien, sondern der Alkohol, den sie freizügig ausgaben. Wer heute in die Indianerreservate in den Bundesstaaten Wyoming oder Montana reist, kann die schrecklichen Folgen dieses Alkoholmissbrauchs noch heute sehen.

In unserem Kulturkreis ist das anders: Seit die Menschheit sesshaft wurde, und schon lange davor ist Alkohol Teil unseres Lebens. Haben Sie sich schon einmal gefragt, warum die Menschen sesshaft wurden? Jahrtausendelang zogen wir als Nomaden durch die Welt, um dann, ziemlich genau vor fünftausend Jahren, auf einmal damit aufzuhören. In drei weit voneinander entfernten Regionen – im Vorderen Orient im »Fruchtbaren Halbmond«, in China sowie in Mittelamerika – entstanden Siedlungen. Von nun an rodeten wir die Wälder, bestellten die Äcker und machten uns abhängig von Klima- und Wetterbedingungen.

Und wozu die ganze Mühe? Der Evolutionsbiologe Josef Reichholf, Professor für Ökologie und Naturschutz an der Technischen Universität München, sagt: Wir wurden sesshaft, weil wir für unsere religiösen Rituale Alkohol benötigten in Form von Wein und Bier. Deshalb musste der Mensch Weinberge pflanzen und Weizen anbauen. Einige dieser Rituale sind auch im Christentum verankert. Und unser soziales Leben ist darauf aufgebaut, gemeinsam zu essen und zu trinken. Das ist auch kein Problem: Im Gegensatz zu den indigenen Völkern können wir mit Alkohol umgehen, solange der Konsum eine gewisse Menge nicht überschreitet.

Bei mir war das allerdings ganz und gar nicht der Fall. Mir fehlte jegliche Kontrolle, was meinen Alkoholkonsum anging. Das Einzige, was mir blieb, war tiefe Demut. Egal, von was wir abhängig sind – Alkohol, Drogen, schöne Kleider und Schuhe, Anerkennung von anderen, Eitelkeit und Stolz –, das ist alles nur äußerlich, ein Scheinglanz.

Das Einzige, was uns dagegen hilft, ist, in Demut unseren inneren Gott zu finden. So schwierig das ist, so schön ist es auch!

Praxisübung: **Den inneren Gott finden**

Nichts schwerer als das? Nichts leichter als das! Sprechen Sie einfach die folgenden Sätze laut aus, und setzen Sie sie in die Tat um.

Wir glauben daran, dass eine Macht, größer als wir selbst, uns unsere geistige Gesundheit wiedergeben kann.

Wir fassen den Entschluss, unseren Willen und unser Leben der Sorge Gottes anzuvertrauen.

Wir machen eine gründliche und furchtlose Inventur in unserem Inneren.

Wir geben Gott, uns selbst und einem anderen Menschen gegenüber unverhüllt unsere Fehler zu.

Wir sind völlig bereit, all diese Charakterfehler von Gott beseitigen zu lassen.

Demütig bitten wir ihn, unsere Mängel von uns zu nehmen.

Wir erstellen eine Liste aller Personen, denen wir Schaden zugefügt haben, und erklären uns bereit, diesen wiedergutzumachen.

Wir machen diesen Schaden bei allen Menschen wieder gut – wo immer es möglich ist –, es sei denn, wir verletzen dadurch sie oder andere.

Wir setzen die Inventur bei uns fort, und wenn wir unrecht haben, geben wir es sofort zu.

Wir suchen durch Gebet und Besinnung, die bewusste Verbindung zu Gott – so, wie wir ihn verstehen – zu vertiefen. Wir bitten ihn darum, uns seinen Willen erkennbar werden zu lassen und uns die Kraft zu geben, ihn auszuführen. Nachdem wir durch diese Schritte ein spirituelles Erwachen erlebt haben, versuchen wir, diese Botschaft weiterzugeben und unser tägliches Leben nach diesen Grundsätzen auszurichten.

Wenn Sie sich nun fragen, was das für Glaubenssätze sind, will ich Sie gern aufklären: Das sind die »Zwölf Schritte« der Anonymen Alkoholiker. Diese Menschen überwinden mithilfe der Kraft der Gemeinschaft die Macht des Alkohols.

Voraussetzung dafür ist Demut, die jedem der oben genannten Sätze zugrunde liegt. Ich habe nur den ersten Satz herausgenommen, der wie folgt lautet: »Wir geben zu, dass wir dem Alkohol gegenüber machtlos sind und unser Leben nicht mehr meistern können.«

Wir können ganz demütig das Wort »Alkohol« durch die Sache ersetzen, die auf uns persönlich zutrifft. Wir sind machtlos gegenüber Alkohol. Drogen. Unserer Arbeit. Einer Krankheit. Den Forderungen der Verwandtschaft. Dem COVID-Virus. Was immer es ist: Wir geben in aller Demut zu, dass wir ihm gegenüber machtlos sind. Glauben Sie mir, wenn Sie das tun, geht es Ihnen schon viel besser! Weil wir loslassen können und sagen können: »Ja, es stimmt. Dein Wille geschehe!«

Ich habe das alles auch erst mühsam lernen müssen, da geht es mir genau wie Ihnen. Eine Zeit lang lebte ich im Allgäu. Ich liebte es, auf die Berge ringsum zu steigen. Oben setzte ich mich hin und sah hinab ins Tal mit den winzigen Häusern und Autos auf den Straßen. Dabei kam immer das Gefühl auf: *Warum nimmst du dich so verdammt wichtig? Schau dich um: Sein ist das Reich und die Kraft und die Herrlichkeit.*

Und wenn ich dieses Gefühl zuließ – wenn ich es in mein Herz und meine Seele strömen ließ und mich nicht dagegen wehrte, weil ICH doch die Krönung der Schöpfung war –, dann wurde ich auf einmal ganz ruhig und wunderbar demütig. Dann spürte ich meinen inneren Gott. Dann spürte ich die Kraft der Demut.

2. BEDINGUNGSLOSE LIEBE IN SICH FINDEN

Ja, es hatte etwas mit meinen Lebensumständen zu tun, dass sich mir der Weg zum Mönchsein offenbaren konnte. Das klingt großartig, nicht wahr? *Etwas offenbart sich uns.* Das ist aber nur in der Rückschau der Fall. Solange wir als Suchende unterwegs sind, offenbart sich gar nichts. Wir gelangen jedoch immer wieder an Weggabelungen, an denen wir eine neue Entscheidung zu treffen haben. Dort erhalten wir Möglichkeiten, die wir noch gar nicht überblicken können. Von so einer Weggabelung in meinem Leben und einer wichtigen Entscheidung will ich Ihnen erzählen. Erst im Nachhinein hat sich mir dadurch etwas offenbart – als es damals geschah, habe ich einfach nach dem Rettungsanker gegriffen.

Stellen Sie sich vor, wie ich damals daherkam: ein junger Bursche im wilden Freiburg, reichlich grün hinter den Ohren, doch mit dem Gefühl, so etwas wie Krösus zu sein … Sie wissen schon, Krösus, der letzte König von Lydien in der heutigen Türkei. Er herrschte um 550 v. Chr., und man sagt ihm märchenhaften Reichtum nach. Er besaß Gold in Hülle und Fülle aus den Bergwerken von Pergamon, und außerdem mussten ihm die griechischen Stadtgründungen in Kleinasien Steuern zahlen.

Von diesem Reichtum war ich als Buchdrucker natürlich meilenweit entfernt, doch das machte nichts, denn ich fühlte mich wie Krösus, wenn ich mir die Nächte im Freiburger Kultklub »Crash« um die Ohren schlug. Auch für mein kleines Geld konnte ich zu dieser Zeit dort alles kriegen. Wir tranken viel und tanzten Pogo, dem damals in der Punkerszene angesagten wilden Tanz, der einem Boxkampf gleicht. Ich war immer mittendrin und voll dabei. Wurde es uns in Freiburg zu öde, fuhren wir nach Basel und machten den Klub »Totentanz« unsicher.

Genau dort geschah eines Tages etwas, das sich im Rückblick als Wendepunkt in meinem Leben darstellt: Mit von der Partie war einer meiner damaligen Sauf- und Rauf-Kumpels. Da er später als Schauspieler Karriere machte, brauchen wir seinen Namen hier nicht zu nennen. Ich hatte zu dieser Zeit eine Freundin. Doch der Kumpel war der irrigen Ansicht, dass ein Mädchen im »Totentanz« ihre Blicke nicht von mir ließe, wo er doch gerade seinen Blick auf sie geworfen hatte. Die Verwirrtheit von zwei jungen Männern im Rausch der Hormone führte zu einem Satz, den nur Halbstarke wie wir damals draufhaben: »Wir zwei gehen jetzt raus und klären es draußen.« Also gingen wir raus, und noch bevor ich wusste, wie mir geschah, kassierte ich eine Tracht Prügel. Mein Kumpel war nicht stärker als ich, doch in ihm steckte viel Wut, und die ließ er an mir aus. Ich wollte und konnte mich nicht wehren, schließlich waren wir bis zu diesem Abend

Freunde gewesen. Für ihn war das jedoch Geschichte. Er ließ nicht von mir ab, bis ich im wahrsten Sinne des Wortes grün und blau geschlagen war.

Ich erinnere mich noch, wie ich spät in der Nacht im nahen Rhein versuchte, meine Wunden zu kühlen, doch es half wenig. Ich landete im Basler Kantonskrankenhaus. Dort flickten die Ärzte mich zusammen, danach entließ ich mich selbst. Auf der anderen Seite des Rheins liegt die deutsche Stadt Lörrach, von wo aus ich nach Freiburg trampte, was damals gang und gäbe war. Ich brauchte lange dafür, schließlich sah ich nicht gerade vertrauenerweckend aus. Als ich endlich zerschunden in Freiburg ankam, ließ ich folgende Kunde verbreiten – als ob wir im Wilden Westen wären: »Richtet ihm aus, dass ich ihn umbringe, wenn er mir über den Weg läuft!«

So weit war es mit mir gekommen, und ich meinte es durchaus ernst. Mein Kumpel wusste das, verließ Freiburg und zog so weit wie möglich weg, und zwar nach Hamburg. Das sollte sich für ihn noch als Glücksfall erweisen, denn erst dort fasste er Fuß als Schauspieler. Für mich war es auch eine Art Glücksfall: Ich war ganz unten angekommen, körperlich und seelisch. Von ganz unten kann es immer nur nach oben gehen.

Ich hatte einige Zeit davor einen japanischen Zen-Mönch kennengelernt. Er war eines Tages in unserer Druckerei gestanden und hatte mich eingeladen, bei ihm vorbeizukommen. Was wie ein Märchen klingt, war in diesen Tagen kein Zufall. Von Kyoto aus hatten sich einige Mönche nach Frankreich und Deutschland aufgemacht –

wenn man so will, waren sie Missionare. Auch andere Strömungen trafen in Freiburg zusammen. Die Menschen sprachen vom kommenden Wassermann-Zeitalter, der Begriff »New Age«, das neue Zeitalter, machte die Runde. Die Anhänger von Osho, auch Bhagwan genannt, waren allgegenwärtig in der Stadt und an ihrer orangefarbenen Kleidung zu erkennen. In Freiburg gab es die Bhagwan-Disco, in der ich natürlich auch immer wieder mal war. Aber das war nichts für mich. Dort gaben sich alle einfühlsam, nett und freundlich, und ich fühlte mich von dem »Rumgetüttel«, wie ich es nannte, abgestoßen. Ich suchte den harten Weg, ich suchte den Schmerz – und der Zen-Mönch würde ihn mir bringen. Zum Glück ahnte ich nicht, was noch alles auf mich zukommen sollte.

Eine schmerzhafte neue Erfahrung

Die Druckerei, in der ich arbeitete, lag ganz in der Nähe vom Freiburger Eisstadion im Stadtteil Mooswald. Zufall oder nicht – der Zen-Mönch wohnte in der Nähe. Eines Morgens nahm ich allen Mut zusammen, um ihn aufzusuchen.

Ich erinnere mich an dieses erste Treffen, als sei es gestern gewesen. Es war mitten im Winter, und über Nacht war Schnee gefallen. Das kommt in Freiburg nicht oft vor. Auf dem Schauinsland vor den Toren der Stadt, auf dem nahen Belchen oder dem Feldberg schmeißt es im Winter ganz schön was hin. Aber nicht in der Stadt selbst.

Doch an diesem Morgen knirschte frischer Schnee unter meinen Schuhen. Am Abend zuvor war ich im »Crash« gewesen, wo man zu später Stunde auf einer dicken Schicht Glasscherben tanzte, von den Bierflaschen, die man nach dem Austrinken auf den Boden knallte. Die Luft war dick vom Zigarettenrauch und den Joints. Jetzt schmerzte mir der Kopf in der schneidend kalten Luft. Gleichzeitig machte sich der Gedanke breit: *Heute wird etwas Großes geschehen.* Es war ein erhabenes Gefühl, und mit diesem Gefühl drückte ich auf die Klingel. Nichts geschah. Ich klingelte wieder. Stille. Hatte ich mich in der Tür geirrt? War der Mönch gar nicht zu Hause? Das Haus lag im Dunkeln, doch aus einem Zimmer schien Licht. Eine Chance wollte ich mir noch geben und klingelte ein drittes Mal. Da ging die Tür auf. Eine Stimme rief auf Deutsch mit japanischem Akzent: »Komm rauf!«

Ich ging die Treppe hoch und lugte vorsichtig in die Wohnung. Das Erste, was mir auffiel, war: nichts. Es gab so gut wie keine Einrichtung. Ich lebte ja auch nicht auf großem Fuß, doch mein erster Gedanke war: *He, wie kann man so leben?* Dann bat mich der Zen-Mönch, die Schuhe auszuziehen, und sagte nur den kurzen Satz: »Wir werden eine kleine Runde sitzen.« Ich hatte keine Ahnung, was er damit meinte, doch als er Platz nahm, tat ich es ihm einfach nach. Er entzündete ein Räucherstäbchen. Später sollte ich lernen, dass es von diesen Stäbchen zwei Sorten gibt: Die kurzen brennen in zwanzig Minuten ab, die langen benötigen vierzig Minuten. Ein kurzes Räucherstäbchen bedeutet also eine kleine Runde Sitzen.

Und ich kann Ihnen versichern: Ich glaubte an diesem ersten Tag, dass ich diese kleine Runde nicht überleben würde.

Die harte Gangart

Am besten, ich erzähle Ihnen an dieser Stelle etwas über den japanischen Zen-Buddhismus. Da gibt es zwei Hauptrichtungen. Die eine nennt sich Sōtō-shū, die andere Rinzai-shū. Ich werde noch etwas näher darauf eingehen, aber im Moment mag diese einfache Formel genügen: Sōtō ist die harte Gangart. Hier sitzt man ohne Erklärungen des Zen-Meisters und ohne eine zuvor gestellte Aufgabe.

Genau das passierte an diesem Morgen. Während in meinem Kopf die Fragen durcheinanderpurzelten – unter anderem die sehr existenzielle *Was zum Kuckuck tue ich hier?* –, merkte ich vor allem eines: Meine Jeans war zu eng zum Sitzen. Sie kniff im Schritt, sie spannte um den Po, sie war völlig unpassend, um so lange dazuhocken, wie das kurze Räucherstäbchen zum Verglühen brauchte. Nach ein paar Minuten tat mir auch der Rücken weh. Ich spürte jeden einzelnen Muskel, und zwar auf eine Weise, wie ich die Muskeln nicht spüren wollte. Mein Kopf war zu schwer, um ihn oben zu halten, und meine Schultern waren völlig verspannt. *Das überlebe ich nicht,* dachte ich, und da war das Räucherstäbchen noch nicht mal zur Hälfte runtergebrannt. Soll ich Ihnen was verraten? Ich habe es überlebt! Neben dem brennenden Schmerz breitete sich in mir der schlichte Gedanke aus: *Das ist genau das Richtige für mich!*

Weshalb ich diesen Gedanken hatte, kann ich nicht sagen. Aber an dieser Weggabelung taten sich für mich zwei Möglichkeiten auf, denn als unser erstes Treffen beendet war, sagte der Zen-Mönch zwei entscheidende Sätze zu mir: »Du solltest andere Kleidung tragen.« Und als ich schon fast aus dem Haus war, fügte er hinzu: »Komm wieder.« So wie eine Münze, wenn sie fällt, entweder Kopf oder Zahl zeigt, konnte ich mich entscheiden: *Gehe ich da nie wieder hin* – und Argumente dafür gab es genug, ich musste nur meine schmerzenden Rückenmuskeln fragen – oder: *Ich komme wieder.*

Diese Wahlfreiheit haben wir von Gott als Geschenk bekommen. Oft fällt sie uns schwer. Wenn wir sie jedoch nutzen, finden wir die Aufgabe, die wir im Leben haben, und der Weg, den wir gehen sollen, wird leichter. Mich führte an diesem Tag mein nächster Weg in die Druckerei. Es war noch immer früher Morgen, es lag noch immer Schnee, doch er knirschte nicht mehr unter meinen Füßen. Ich schwebte geradezu darüber – und auch wenn ich weiß, so war's ganz bestimmt nicht, fühlte es sich wenigstens so an. Von da an ging ich jeden Morgen auf dem Weg zur Arbeit beim Zen-Mönch vorbei, nun in bequemer Kleidung. Später erhielt ich von ihm ein Schnittmuster für eine Zen-Robe. Solche Roben bestehen aus lauter Rechtecken, was auch mich Nähanfänger dazu befähigte, mir eine zu schneidern.

Im Grunde genommen lief jede Zusammenkunft gleich ab: Wir meditierten und rezitierten das Herz-Sutra. Das dauerte 45 Minuten. Wir plauderten noch fünfzehn Minuten, danach war es an der Zeit für mich, zur Arbeit zu gehen. In dieser Viertelstunde erfuhr ich, auf was es ankommt beim Zen.

Der Mönch verschwieg nicht, dass manche Anhänger der Sōtō-Schule wilde Gesellen waren. Sie mischten in Kriegen mit und waren als Haudegen verschrien. Für einen jungen Mann, der den harten Weg sucht, klang das alles sehr faszinierend. Allein der Begriff »Ferner Osten« löste in mir ein aufregendes Kribbeln aus, und nun kam der Ferne Osten zu mir, in einem spartanischen Zimmer in der Nähe des Freiburger Eisstadions.

Veränderung durch das Herz-Sutra

Das alles veränderte mich: Ich hatte auf einmal keine Lust mehr, ins »Crash« zu gehen oder in den »Totentanz«. Tat ich es doch, stießen mich die stickige Luft und die aggressive Atmosphäre dort ab. Auch andere Aktivitäten schränkte ich immer mehr ein. Ich kaufte nur noch das Nötigste. Ich bummelte nicht mehr durch die Innenstadt. Ich zog mich von meinen alten Saufkumpanen zurück und trennte mich von meiner Freundin. Auf einmal sah ich klar, dass sie es nicht ernst mit mir meinte. Sie lebte in einem der besetzten Häuser in der Innenstadt, wo es immer wieder zu Razzien kam. Da brauchte sie einen starken Kerl an ihrer Seite, und das war meine Aufgabe: sie rauszuhauen, wenn es nötig war.

Das morgendliche Sitzen öffnete mir die Augen. *Das ist nicht dein Lebenszweck,* kam es mir in den Sinn. *Hör damit auf.* Und ich hörte auf. Ich hörte auf, Alkohol zu trinken, ich hörte auf zu rauchen, und ich hörte auf, Holz zu stibitzen. Zu Hause hatte ich einen alten Holzofen, und neben der Druckerei lag ein Stoß Altholz. Da sich niemand darum kümmerte, nahm ich mir immer wieder mal was davon, ohne zu fragen. Wir sind ja schnell dabei, uns Unrecht schönzureden, und genau das tat ich: *In meiner Bude ist es kalt, und hier liegt Holz, das keiner braucht. Ich brauche es, also nehme ich es.* Doch auch durch diese vermeintlich logische Begründung wird aus Unrecht kein Recht.

Übt man Zazen, also das Sitzen, schießen einem am Anfang so viele Gedanken durch den Kopf, dass es einem ganz schwindelig wird. Doch irgendwann klären sich die Dinge. Dann wird vieles klar. Bei mir war es anfangs der Gedanke, die negativen Kräfte aus meinem Leben zu verbannen. Wenn ich das jetzt niederschreibe, nicke ich zufrieden, denn das war schon eine Menge.

Doch wie ich es am Anfang des Kapitels formuliert habe: Während wir auf dem Weg sind, bemerken wir die Veränderungen oft nicht. Seien Sie also geduldig und nachsichtig mit sich, wenn Sie sich selbst auf den Weg gemacht haben oder vorhaben, es zu tun. Es geschehen viele Veränderungen – doch uns fehlt das Bezugssystem, um diese zu erkennen. Das übernehmen dann oft andere für uns, und logischerweise finden sie unsere Veränderungen oft nicht gut. Denn schließlich brechen wir aus dem alten Leben aus, während die anderen weiter darin verharren. Dafür kann man viel Kritik ernten. So war es auch bei mir. Meine Kumpels fanden bescheuert, was ich da tat. Doch ich blieb unbeeindruckt und beharrlich. Weil ich tief in mir spürte, *das ist der richtige Weg.* Weil ich merkte, wie viel Kraft mir die selbst gewählte Einsamkeit gab, und das, obwohl ich im Tierkreiszeichen Zwillinge bin. Dabei kristallisierte sich mehr und mehr eine tiefere Frage heraus, die ich heute als die Urfrage bezeichne: *Wer bin ich?* Sie weist auf unsere Verabredung mit Gott zurück und auf unsere Aufgabe, die wir auf Erden erledigen dürfen. Wenn wir herausgefunden haben, wer wir sind, kennen wir unsere Aufgabe. Was mir in der Anfangszeit und auch heute noch bei allem hilft, ist die Rezitation des Herz-Sutras.

Das Herz-Sutra entstammt einer Hunderte Seiten dicken Zusammenfassung der Lehre Buddhas. Es verbreitete sich in ganz Asien, da es früh in die jeweiligen Landessprachen übersetzt wurde. So kennt man eine chinesische Übersetzung, die bereits aus dem Jahr 400 v. Chr. stammt. Heute kann man das Herz-Sutra in nahezu allen Sprachen dieser Welt lesen, und natürlich auch auf Deutsch.

Vielleicht haben Sie sich schon einmal mit der Chakrenlehre beschäftigt und von diesen Energiezentren im Körper gehört. Wenn wir unseren Körper von oben nach unten betrachten, liegen entlang der Wirbelsäule die Hauptchakren. Auf dem Scheitelpunkt des Kopfes befindet sich das Kronen- oder Scheitelchakra, danach folgt das Stirnchakra, diesem wiederum das Hals- oder Kehlchakra, dann das Herzchakra, das Nabel- oder Solarplexuschakra, das Sakral- oder Sexualchakra und zuletzt das Wurzelchakra. Sie alle wirken auf unsere Organe und unsere Gefühle ein. Diese Chakren nehmen Energieflüsse auf und können, wen wundert es, auch blockiert und verschmutzt sein. Dem können wir mit Meditation, Gebet, Stille und der Rezitation von Mantren entgegenwirken. Vielen Menschen – auch mir – liegt das Herzchakra nahe, weil es für Mitgefühl und Toleranz, Vergebung und bedingungslose Liebe steht.

Wenn Sie zu meiner Klause kommen, sehen Sie an der Tür ein Schild. Darauf steht:

Hier wohnt Bruder Otto.
Montag bis Freitag – bin immer für dich da.
Samstag – bin auch für dich da.
Sonntag – werde für dich da sein.

Die Menschen, die kommen, schmunzeln, wenn sie das lesen. Gleichzeitig berührt es sie tief in ihrem Inneren. Denn ich stehe zu einhundert Prozent zu der Aussage auf dem Schild: Ich bin immer für dich da, rund um die Uhr, oder wie es neudeutsch heißt: 24/7. Das geht nur mit bedingungsloser Liebe – ich stelle also keinerlei Bedingungen, um den Menschen zu lieben, der zu mir kommt. Diese bedingungslose Liebe benötigt einen störungsfreien Fluss des Herzchakras. Daher rezitiere ich regelmäßig das entsprechende Mantra. Man kann das auf

Deutsch tun, auf Japanisch, Chinesisch oder in jeder anderen Sprache, es spielt keine Rolle, es kommt nur darauf an, dass man mit dem Herzen dabei ist. Ich wähle gern Japanisch, weil darin so viele Vokallaute vorkommen, die zu einer Öffnung des Brustbereichs führen. Ich mag aber auch die folgende Übersetzung.

Praxisübung: **Das Herz-Sutra**

Und nun mein Tipp für Sie: Setzen Sie sich vor eine weiße Wand, wenn Sie können, im Yoga- oder Schneidersitz, wenn Ihnen das schwerfällt, auch gern auf einen Stuhl. Dann lesen Sie das Herz-Sutra mit halblauter Stimme. Denken Sie nicht darüber nach, was die Worte bedeuten. Der tiefe Sinn erschließt sich Ihnen durch die Wiederholung. Das zu erleben ist ein wunderschönes Gefühl, weil das Höchste im Zen-Buddhismus das Erleben des gegenwärtigen Augenblicks ist.

Als der Bodhisattva Avalokiteshvara sich tiefgehend
in Prajnaparamita (vollkommener Weisheit) übt,

Sieht er klar, dass die fünf Skandhas (Gruppen der Anhaftung) leer sind, und überwindet so alles Leid und Elend.

Sariputra! Form unterscheidet sich nicht von Leerheit,
Leerheit unterscheidet sich nicht von Form;

Form ist wirklich Leerheit, Leerheit ist wirklich Form;

Genauso ist es mit Gefühlen, Gedanken, Impulsen und Bewusstsein.

Sariputra! Alle Dinge (»Dharmas«) sind charakterisiert durch Leerheit:

Sie erscheinen nicht und verschwinden nicht, sind nicht schmutzig und sind nicht rein, nehmen nicht zu und nehmen nicht ab.

Deshalb gibt es in der Leerheit nicht Form, Gefühl, Gedanke, Impuls und Bewusstsein.

Nicht Auge, Ohr, Nase, Zunge, Körper, Geist;

Nicht Form, Geräusch, Geruch, Geschmack, Berührungsempfinden und geistige Objekte.

Kein Reich des Auges bis hin zu kein Reich des Bewusstseins.

Kein Unwissen und kein Ende des Unwissens.

Bis hin zu: kein Altern und Sterben und kein Ende von Altern und Sterben.

Kein Leiden, kein Entstehen, kein Verlöschen, kein Weg,

Keine Weisheit und kein Erreichen, da es nichts zu erreichen gibt.

Ein Bodhisattva begründet sich im Prajnaparamita (in der vollkommenen Weisheit)

Und entkommt allen geistigen Hindernissen.
Da es keine Hindernisse gibt, gibt es auch keine Angst.

Alle verzerrten Sichtweisen und Verblendungen hinter sich lassend, erreicht er Nirwana.

Alle Buddhas der drei Zeiten begründen sich im Prajnaparamita

Und erlangen das Anuttara-samyak-sambodhi (die höchste vollkommene Erleuchtung).

Deshalb sollte man wissen, dass das Prajnaparamita

Das große, magische Mantra ist, das große, klare Mantra ist, das höchste Mantra ist,

Das unvergleichliche Mantra ist, das alles Leid entfernt, voll Wahrheit und ohne Falschheit ist.

Das durch das Prajnaparamita verkündete Mantra lautet wie folgt:
Gate, Gate, Paragate, Parasamgate Bodhi-svaha.

Sie können das Herz-Sutra auch auf Japanisch sprechen, wie ich das gern tue. Das ist gar nicht so schwer – betonen Sie einfach Vokale wie a und o etwas länger.

MAKA HANNYA HARAMITA SHINGYO
KAN JI ZAI BO SATSU
GYOU SHIN HAN NYA HA RA MI TA
JI SHOU KEN GO UN KAI KUU
DO IS SAI KU YAKU SHA RI SHI
SHIKI FU I KUU KUU FU I SHIKI
SHIKI SOKU ZE KUU KUU SOKU ZE SHIKI JU SO GYOU
SHIKI YAKU FU NYO ZE
SHA RI SHI ZE SHO HO' KUU SOU
FU SHOU FU METSU FU KU FU JOU
FU ZOU FU GEN ZE KO KUU CHU
MU SHIKI MU JU SO GYOU SHIKI
MU GEN JI BI ZES SHIN I
MU SHIKI SHO KOU MI SOKU HO'
MU GEN KAI NAI SHI MU I SHIKI KAI
MU MU MYOU YAKU MU MU MYOU JIN
NAI SHI MU ROU SHI
YAKU MU ROU SHI JIN
MU KU SHUU METSU DOU
MU CHI YAKU MU TOKU
I MU SHO TOKU KO
BO DAI SA TA
E HAN NYA HA RA MI TA KO
SHIN MU KEI GE MU KEI GE
KO MU U KYOU FU

ON RI IS SAI TEN TOU MU SO
KYUU KYOU NE HAN SAN ZE SHO BUTSU
E HAN NYA HA RA MI TA KO
TOKU A NOKU TA RA SAN MYAKU SAN BO DAI KO CHI
HAN NYA HA RA MI TA
ZE DAI JIN SHU ZE DAI MYOU SHU
ZE MU JOU SHU ZE MU TOU TOU SHU
NO JO IS SAI KU SHIN JITSU FU KYO
KO SETSU HAN NYA HA RA MI TA SHU SOKU SETSU SHU WATSU
GYA TEI GYA TEI HA RA GYA TEI
HA RA SOU GYA TEI
BO JI SABA KA

3. DER WEG IN DIE STILLE

Immer wieder kommen Menschen bei mir vorbei und fragen: »Bruder Otto, wie hältst du diese Stille hier oben aus?«

Ich muss lächeln, weil ich es gar nicht so still finde wie meine Besucher. Wir sind im Schwarzwald, das ist nicht das Ende der Welt, was bedeutet: Auch wenn sie weit entfernt sind, vernehme ich die Geräusche der Autos und Lkws auf der Bundesstraße tief unten im Tal. Diese durchschneidet das Kinzigtal und dient als Querspange vom Rhein in Richtung Schwäbische Alb und Bodensee und ist entsprechend stark befahren. Am Himmel sehe ich nicht nur die Kondensstreifen der Flugzeuge in Richtung Stuttgart, Basel, Zürich und Straßburg, sondern höre sie. Dazu rauscht der Wald rund um die Sankt-Jakobs-Kapelle gewaltig und plätschert das Wasser eines Bächleins, das seine tiefe Rinne in den Waldboden gegraben hat. Unsere Welt ist voller Geräusche, selbst in meiner Einsiedelei. Und auch ich werde manchmal selbst recht laut.

Habe ich schon erwähnt, dass ich leidenschaftlicher Musiker bin? Das liegt bei uns in der Familie: Mein Vater ist ein Virtuose auf dem Akkordeon. Mein Bruder spielt

Schlagzeug in Profi-Bands. Mir selbst hat es der Bass angetan. Aber auch auf einer Stufe kleiner bin ich unterwegs. Dann hole ich die Ukulele hervor.

Dieses Instrument, das aussieht wie eine Minigitarre, hat eine spannende Entwicklung hinter sich: 1879 brachte ein Auswanderer ein ukuleleähnliches Instrument von Portugal nach Hawaii. Dort wurde es verfeinert, wanderte nach Nordamerika und kam wieder zurück nach Europa. Man kann alles darauf spielen, von Folk über Rock bis zum Jazz, und das gefällt mir. Dazu singe ich mit Inbrunst und erfreue damit Wolf, Fuchs und Hase, die mit mir die Waldeinsamkeit teilen – und manchmal den einen oder anderen Pilger, den sein Weg zu mir führt.

Nun kennt jeder Musiker, der sein Metier ernsthafter betreibt, die Situation im schallgedämmten Aufnahmestudio. Von draußen dringt kein Lärm herein, drinnen vernimmt man die Schritte auf dem Boden nicht, dafür hört man das eigene Blut in den Ohren rauschen. Selbst erfahrene Musiker werden da nervös. Auf einmal verursacht nicht mehr Lärm den Stress, sondern die ungewohnte Stille. Denn die Stille wirft uns immer auf uns selbst zurück.

Lärm, Stille und Askese

In der Ecke des Schwarzwaldes, in der sich meine Klause befindet, lebte im 19. Jahrhundert ein Mann, der große Bekanntheit erlangte und auch heute noch in der Region verehrt wird. Er hieß Heinrich Hansjakob und stammte aus Haslach im Kinzigtal, einem hübschen Fachwerkstädtchen rund 20 Kilometer von mir entfernt. Hansjakob wurde zum streitbaren Stadtpfarrer von Freiburg und machte sich einen Namen in der Badischen Revolution von 1849, als er die Demokraten unterstützte, die die Monarchie abschaffen wollten. Sein Markenzeichen war der Hecker-Hut, ein breitkrempiger schwarzer Hut, benannt nach Friedrich Hecker, einem der Anführer der Revolution, der nach Amerika flüchten musste, wo er maßgeblich an der Abschaffung der Sklaverei mitwirkte. Hansjakob verbreitete seine demokratischen Ideen in zahlreichen Büchern, die ihn als Volksschriftsteller in ganz Deutschland bekannt machten, was die Kirche nicht so gern sah. Zu dieser Zeit kam die industrielle Revolution so richtig in Schwung, mit allen Folgen: Reiche wurde reicher, Arme immer ärmer – und Hansjakob setzte sich für die Armen ein, unter anderem mit der Gründung der ersten Winzergenossenschaft in Baden. Von alldem erzählt er in seinen über siebzig Büchern und auch davon, wie das Leben immer lauter wurde und wie sehr er darunter litt. Die Eisenbahn kam, die ersten Autos gesellten sich dazu, und als selbst im ländlichen Kinzigtal Industriebetriebe Tag und Nacht ihre Maschinen laufen ließen, wurde dem Sonntag die sprichwörtliche Sonntagsruhe ausgetrieben.

Lärm gab es aber auch schon zu Zeiten von Jesus – vielleicht haben wir Menschen ihn erschaffen, um uns abzulenken. Denn Tatsache ist: Wir suchen zwar die Stille, doch halten wir sie auch aus? Als Jesus in Galiläa lebte, spielte sich das Leben vor allem draußen ab: Die Häuser waren sehr klein und dienten meist der Aufbewahrung von Hab und Gut. Gelebt, gegessen, gearbeitet, gestritten, gekocht und gespielt wurde auf Plätzen und Straßen. Handwerker gingen ihrer Arbeit unter freiem Himmel nach. Es gab viele Märkte, zwischen denen Händler hin und her pendelten. Ruhe oder gar Stille fand man hier nicht. Dafür musste man sich in die nahe gelegene Wüste zurückziehen. Und es waren nicht wenige, die das taten.

Heute nennen wir diese Leute »Wüstenväter«. Ich will gleich hinzufügen, dass es auch Wüstenmütter gab, doch wie so oft hat man vor allem über die Männer geschrieben bzw. unterdrückte die Kirche in der späteren Aufarbeitung alter Texte die Berichte über Eremitinnen. Wenn ich also von Wüstenvätern erzähle, weil diese die Vorbilder für uns Eremiten sind, vergesse ich die Geschichte der Frauen nicht. Und komme ohnehin sofort ins Schwärmen: Denn das war eine Zeit, in der die Religion beweglich war, experimentiert und ausprobiert wurde.

Eine Bewegung hatte ihren Ursprung in der griechischen Tradition der sportlichen Askese. Aus dieser Zeit gibt es viele Schriften hochrangiger Gelehrter, die davon berichten, wie schädlich der Genuss von Wein oder Fleisch ist. Der Diäten-Wahn ist also keine Erfindung der Neuzeit: Tausende, ja Abertausende verschrieben sich der Askese, um ein besseres Leben zu führen und zu sich selbst zu finden.

So wie ein junger Mann namens Antonius auf dem ägyptischen Dorf Come um das Jahr 360 herum. Als er siebzehn Jahre alt war, starben seine Eltern. Ich habe lange genug Sterbebegleitung gemacht, um mir vorstellen zu können, wie einsam das Leben sein kann, wenn man auf einmal allein dasteht. Antonius reagierte auf eine Weise, die mich nicht überrascht, weil ich das oft mitbekomme: Er zog sich in sich selbst zurück und wählte die Askese. Er aß kein Fleisch mehr und nahm überhaupt nur noch Nahrung zu sich, wenn die Sonne verschwunden war. Dann ging er noch einen entscheidenden Schritt weiter: Eines Tages verschenkte er sein ganzes Hab und Gut und ging hinaus in die Wüste.

Exkurs über die Wüste

Wenn Sie heute Lust verspüren, eine Wüstentour zu unternehmen, gibt es dafür Veranstalter, die sich darum kümmern, dass Sie gesund und munter wieder nach Hause kommen. Die Wüste ist kein lebensfeindlicher Ort, ganz und gar nicht, doch sie steckt voller Gefahren. Hier gibt es nur Extreme: extreme Hitze, extreme Kälte, extreme Trockenheit und extreme Regenfälle, die der Grund dafür sind, warum in Wüsten mehr Menschen ertrinken als verdursten.

Mit dem Regen ist das ohnehin so eine Sache. Bei Niederschlag staut sich das Wasser, um danach umso tiefer in die Böden einzudringen. Das schafft die Voraussetzung für eine vielfältige Vegetation. Es gibt Tausende Pflanzenarten in der Wüste. Durch die harschen Bedingungen entwickeln sie erstaunliche Überlebensmechanismen. Einige Arten, wie die Welwitschia mirabilis, werden über tausend Jahre alt. Andere, wie der Kameldornbaum, kommen jahrelang ohne Wasser aus. Pflanzen wie die Teufelskralle haben außergewöhnliche Heilkräfte.

Nach einem Regenguss verwandelt sich die Wüste in einen Garten Eden, wenn vor dem staunenden Auge auf einmal ein Blütenteppich wie aus dem Nichts entsteht. Morgens kann die Wüste von einer glitzernden Eisschicht überzogen sein. Doch vor allem ist es die große Leere darin, die uns Menschen fasziniert.

Fritz Mühlenweg, der deutsche Wüstenforscher vom Bodensee, der im Jahr 1927 Sven Hedin auf der letzten Expedition von Baotou nach Urumqi durch die Wüste Gobi begleitete, notierte in seinem Tagebuch: »Jetzt bin ich das dritte Mal in der mongolischen Wüste. Jedes Mal wird es schöner.«

Und der britische Reiseschriftsteller Richard Grant schrieb in seinem Buch »Ghost Riders«: »Die Wüste erweckt im Menschen den Wunsch nach Mobilität auf einer instinktiven Ebene.«

In »Der Englische Patient« von Michael Ondaatje ist ebenfalls die Wüste das zentrale Thema: »Ein Teil des menschlichen Bewusstseins passt sich der Wüste perfekt an.«

Alec Guinness lässt in »Lawrence von Arabien« einen beduinischen Stammesführer über westliche Leute sagen: »Sie bringen einen großen Hunger nach einsamen Orten mit. Hier können sie ihn stillen.«

Einer der Wüstenväter, Ephräm der Syrer, schrieb um das Jahr 350: »Für den, der Gottes Herrlichkeit sucht, ist die Wüste ein besserer Platz als bebaute Orte.« Und der deutsche Wüstenspezialist Bruno Baumann macht uns darauf aufmerksam: »Wer aus der Wüste kommt, hat weniger Freunde. Weil ihn immer weniger verstehen können.«

Ich bin dann mal weg

Die Freunde von Antonius haben ihn auch nicht verstanden, das kann man bei seinem Biografen Athanasius nachlesen. Kein Wunder, sie blieben ja zurück, während sich ihr Kumpel auf den Weg in die Einsamkeit machte. Doch lange blieb er nicht allein. Auch ohne Facebook und Instagram verbreitete sich sein Ruf in Windeseile. Immer mehr junge Männer folgten ihm. Rund um seine Einsiedelei richteten sie sich ein, hausten in Höhlen, Erdlöchern und Felsspalten. Irgendwann waren es Tausende, es entstand eine regelrechte Wüstenstadt. All diese jungen Männer waren der Zivilisation ihrer Zeit entflohen, alle wollten sie Eremiten sein. Oder besser gesagt, sie wollten gemeinsam einsam leben. Im Grunde genommen entwickelte sich da draußen in der Wüste das erste Männerkloster der Welt.

Nur einem ging das Gewusel und Gewimmel gehörig auf den Geist: Antonius selbst, den seine Jünger »Abba«, also »Vater«, nannten. Er wollte Einsamkeit, und was hatte er bekommen? Eine Stadt, viel größer als das Dorf, aus dem er stammte. Dazu verlangten seine Fans immer mehr von ihm. Antonius hatte zu dieser Zeit bereits einen Ruf als Heiler. So kamen immer mehr Kranke und Sieche, um sich von ihm behandeln zu lassen. Später sollte er sagen: »Die Leute haben Dinge verlangt, die meine Kraft überstiegen.« Er zog die für ihn einzig mögliche Konsequenz: Eines Morgens im Jahr 313 verschwand er spurlos, ganz nach dem Motto: *Ich bin dann mal weg*.

In der Biografie von Antonius gibt es einen Satz von ihm, an dem ich immer hängen bleibe. Denn es gab noch einen Grund, warum er seine Anhängerschaft zurückließ: Er spürte die Gefahr, »sich selber wichtigmachen zu wollen«.

Das kenne ich! Kommen Menschen zu mir in die Einsiedelei, liegt immer so etwas wie Bewunderung in der Luft, wenn sie sagen: »Also, ich könnte das nicht! Wie machst du das nur?« Der Schriftsteller Hansjakob, von dem ich Ihnen erzählte, berichtet von einem Einsiedler, der im 19. Jahrhundert nicht weit von meiner Klause entfernt gelebt hat. Ständig kamen Leute zu ihm, um Rat zu erbitten. Offenbar hatte er gute Tipps parat, denn es wurden mehr und mehr. Am Ende zogen Heerscharen von Pilgern auf den Berg, und es war vorbei mit dem Wunsch nach Zurückgezogenheit. Auch dieser Einsiedler verschwand eines Tages spurlos, ganz in der Tradition des Antonius.

Dieser unternahm mehrere Anläufe, um seine Einsamkeit wiederzuerlangen. Im Jahr 313 bezog er eine Höhle am Berg Kolzim in der Nähe des Roten Meeres. Das Unvermeidliche geschah: Bald war er auch dort umgeben von Menschen, die ihm nahe sein wollten. An diesem Ort entstand später das Antonius-Kloster. Wer heute in Kairo ins Auto steigt, ist drei Stunden später dort. Ein riesiger Parkplatz voller Autos und Busse erwartet die Pilger. Den Weg hoch zur »Höhle des heiligen Antonius« nehmen Abertausende in Angriff. Über tausendsiebenhundert Jahre sind ins Land gezogen, seit der heilige Antonius dort lebte, und noch immer ist die magnetische Anziehungskraft des Einsiedlers, der vergeblich darum rang, Eremit sein zu dürfen, ungebrochen.

Viele Menschen sahen in den Wüstenvätern die Nachfolger Jesu. Einige dieser Wüstenväter zogen wie Nomaden von Ort zu Ort. Da überall Anhänger auf sie warteten, wählten sie sich einen Vorstand, der das alles organisierte. Daraus entstand in späteren Jahren die Funktion des Bischofs. Und weil die Menschen schon damals so tickten wie wir heute, kam zum Amt bald die Amtswürde hinzu. Wie so oft vergessen wir an genau diesem Punkt, was einmal der Ursprung war und was uns dieser Ursprung bedeutete.

Einige sind allerdings schlauer, so wie der heilige Cassanius. Der war ums Jahr 400 als junger Mann nach Palästina gepilgert und dann weiter nach Ägypten, um in der Wüste zu leben. Von dort ging es nach Konstantinopel und nach Rom, bis er in Marseille anlangte, wo er das Männerkloster Sankt Viktor und das Frauenkloster Sankt Salvator gründete. In Rom und Konstantinopel hatte er so viel mit Ämtern, Amtsträgern und der Amtswürde der jungen katholischen Kirche zu tun, dass er irgendwann sagte: »Fliehe den Bischof, und dir geht es gut!«

Sie merken, dass die Vorstellung, ein Einsiedler sei grundsätzlich einsam, nicht stimmt. Einsamkeit ist zwar, was er sucht, doch es ist nicht immer das, was er bekommt. Über allem steht der Wunsch – auch bei mir –, in Demut ein friedliches Leben zu führen. Auszusteigen aus dem Hamsterrad des »Immer-mehr-haben-Wollens«, das keinesfalls eine Erfindung unserer Zeit ist, sondern schon Jesus störte, weshalb er die Händler aus dem Tempel vertrieb.

Aus dem Griechischen stammen die Wörter »eremos«, was »einsam« bedeutet, und »mono«, auf Deutsch »allein«. Daraus leiteten sich die Begriffe »Eremit« und »Mönch« ab. In meinem Orden gibt es »Eremiten« und »Mönche«, die Sie nirgendwo treffen, da sie tatsächlich versteckt und einsam tief in deutschen Wäldern oder sogar in den entlegenen Schluchten der Insel Teneriffa leben. Mich treffen Sie jedoch in meiner Klause an, da ich mich um das Organisatorische im Orden kümmere, was mitunter mehr Rummel in mein Leben bringt, als mir lieb ist.

Es gibt den Bericht einer griechisch-römischen Expedition, die zur Zeit der Wüstenväter durch Ägypten zog, um berühmt gewordene Einsiedler persönlich kennenzulernen. Wie es sich für eine ordentliche Expedition gehört, mussten sie zahlreichen Gefahren trotzen, wie Treibsand, Stürmen, Überfällen von Banditen, Hunger und Durst. Als sie endlich beim heiligen Kopres ankamen, wunderten sie sich darüber, dass dessen Einsiedelei von

Jüngern umlagert war. Dasselbe fanden sie auch beim heiligen Johannes von Diolcus vor. Beim heiligen Isidor waren es etwa tausend junge Männer, beim heiligen Serapion schon Zehntausende. Einer der Teilnehmer an der Expedition, Rufinus von Aquileia, schrieb: »Inzwischen gibt es so viele Einsiedler in der Wüste wie Menschen in den großen Städten rund ums Mittelmeer.«

Daher komme ich noch einmal auf das Wort »mono« zurück. Zur Zeit der Wüstenväter war das kein sakraler Begriff, sondern bedeutete schlicht und einfach »Single«. Damit wurde ausgedrückt, was diese Menschen anstrebten: Sie wollten als Single leben und nicht in der Tradition der Familie, mit der auch Jesus gebrochen hatte. Seine rigide Haltung zur Familie finden wir in allen vier Evangelien. Er rief offensiv dazu auf, mit der Familie, der Verwandtschaft, der Sippe und dem Clan zu brechen, weil man nur so aus Abhängigkeiten herauskommt, um zu sich selbst zu finden.

Radikales Denken? Allerdings! Religion war damals sehr experimentierfreudig. In gewisser Weise stehen wir modernen Eremiten in dieser Tradition. Wir schneiden viele alte Zöpfe ab – und einer davon ist, Stille neu schätzen zu lernen.

Still werden im Jesus-Gebet

Darf ich Ihnen eine provokante Frage stellen? Wann waren Sie das letzte Mal so still, dass Sie sich selbst sehen konnten? Wir sind ja immer aktiv, immer am Ball, immer ist etwas los – viele halten die Stille einfach nicht aus. Denn Stille kann wehtun – doch sie kann auch sehr heilsam sein.

Praxisübung

Wollen Sie eine kleine Übung mit mir gemeinsam machen? Ich höre jetzt für eine Viertelstunde auf zu schreiben. Ich drehe mich an die Wand links von mir, denn die ist weiß. So bleibe ich sitzen, ohne zu denken und ohne etwas anderes zu tun, nach dem ursprünglichen Sinn von Meditation, eine neutrale Haltung einzunehmen. Um mich herum ist es nicht still, denn der Wind bläst, und der Wald rauscht. Auch Sie hören Geräusche aus der näheren und ferneren Umgebung, doch das soll uns nicht stören. Denn es wird in uns still: eine Viertelstunde lang, abgemacht?

Und, wie war's? Mir hat diese Viertelstunde sehr gutgetan, und Ihnen hoffentlich auch! Diese kleine Übung erfüllen wir ganz absichtslos. Wir streben nicht nach Erleuchtung oder über was auch immer die Leute reden, sobald das

Wort »Meditation« fällt. Es geht nur darum, eine neutrale Haltung zu finden. Kommen Gedanken, blasen wir sie weg wie Blätter im Wind. Und sie kommen, keine Frage. Pusten Sie alle Gedanken zur Seite, wenn Sie sich das nächste Mal der weißen Wand zuwenden.

Aus dieser Stille heraus entstand das Jesus-Gebet. Seine Wurzeln reichen bis in die Frühzeit des Christentums zurück, eben in jene Tage der Wüstenmönche im 3. und 4. Jahrhundert. Diese Zeit markierte das Ende der Christenverfolgungen, die ebenfalls ein Grund dafür waren, warum viele Frauen und Männer die Städte verließen, um in der Einsamkeit der ägyptischen Wüste Gott zu suchen und in ihm zu ruhen. Der Wüstenvater Evagrius Ponticus entwickelte dabei als Erster die Idee vom »reinen Gebet«. Damit meinte er das Beten ohne Gedanken, Bilder und Vorstellungen, ähnlich der Zen-Meditation oder der Meditationsübung, die wir gerade ausprobiert haben.

Es geht darum, mit ganzem Herzen dabei zu sein, wie es auch der Mönch Makarios sagte: »Sammelt eure Aufmerksamkeit beim Gebet im eigenen Herzen!« Die Wiederholung von biblischen Stoßgebeten wie »Gott, sei mir Sünder gnädig!« oder mein »Mein Herr und mein Gott!« soll dabei helfen, die Aufmerksamkeit auf Gott zu lenken. Schließlich setzte sich ab dem 6. Jahrhundert als Formulierung der Ruf des blinden Bartimäus (Mk 10,47) durch: »Herr Jesus Christus, Sohn des lebendigen Gottes, erbarme dich meiner!« Sie sehen, damit entstand aus vielen Mosaiksteinen allmählich das, was seit dem 13. Jahrhundert als »Jesus-Gebet«, »Herzensgebet« oder »Ruhegebet«

gelehrt und praktiziert wird. Die Grundeinsicht: Gott ist immer da, und ich kann sein in ihm.

Wenn Sie das Jesus-Gebet regelmäßig praktizieren, verspreche ich Ihnen ein hohes Gut: Gelassenheit. Uns Menschen wird ja ständig eingehämmert, dass wir Ziele erreichen und uns verbessern und optimieren müssen. Die Wüstenmütter und die Wüstenväter würden darüber gelassen lachen. Wer diese Vorstellung vom Leben loslässt, eröffnet sich einen neuen Raum von Möglichkeiten. Wer seinen Nächsten loslässt, statt sich an ihn zu klammern, findet echte Partnerschaft. Das meinte Jesus, wenn er davon sprach, sich von der Familie loszusagen. Wer sich von seinen Gedanken, Gefühlen und Vorstellungen löst, vermag nach Evagrius das Höchste zu leisten, das der Mensch zuwege bringt, nämlich das Gebet. Im Gebet erblickt er sein eigenes Licht. Er wird sich seiner eigenen Natur bewusst, die Teil ist vom Licht Gottes. Übrigens müssen Sie für diesen mystischen Weg weder zum Asketen werden noch zum konsequenten Macher, sondern einfach zu einem sanftmütigen Menschen. Nicht Strenge, Moralisieren oder Angst, sondern die Ermutigung zur Sanftmut zeichnet die Spiritualität der Wüstenmütter und Wüstenväter aus.

Weshalb waren dann doch so viele von ihnen Asketen? Ist das nicht ein Widerspruch? Nein, ganz und gar nicht. Denn die Menschen, die sich in die Wüste zurückzogen, waren nicht gezwungen, asketisch zu leben, sondern sie hatten Freude daran. Natürlich trug die harsche Umwelt das Ihre dazu bei. Sie brachte die Menschen in der Wüste dazu, ihr Ernährungsverhalten umzustellen. Es gibt Berichte darüber, in denen genau festgehalten wurde, wie selbst Besucher immer weniger zu essen und zu trinken benötigten. Wer sich mit indigenen Völkern befasst, die noch heute in Wüsten leben, ist darüber nicht überrascht.

Es gibt allerdings noch einen weiteren Aspekt: Es wird berichtet, dass einige der Wüstenväter gar keine feste Nahrung mehr zu sich nahmen, sondern Lichtnahrung. Solche Berichte kommen bis heute aus dem Himalaja, wohin sich über Generationen hinweg buddhistische Mönche zurückgezogen haben.

Das ruft natürlich sofort Skepsis auf den Plan, zumal die Wissenschaft von solchen Dingen nichts hören will: »Lichtnahrung, was soll das sein?« Wenn Sie den Begriff im Internet nachschlagen, stoßen Sie vor allem auf Ablehnung. Dabei wird sehr häufig ein ganz wichtiger Aspekt unterschlagen: Nur der Mensch, der aus freien Stücken auf Nahrung verzichtet, fastet. Und nur wer fastet, kann seine Nahrungsaufnahme auf ein Minimum reduzieren, da spreche ich aus eigener Erfahrung. Wer jedoch dazu gezwungen ist, auf Nahrung zu verzichten, wird schlimmen Hunger verspüren mit allen damit verbundenen Stressreaktionen des Körpers. Zur Askese kann man sich nicht zwingen – bitte versuchen Sie das erst gar nicht. Sie geschieht dann, wenn wir sie aus freien Stücken wählen. So haben es die Wüstenväter getan, die buddhistischen Mönche im Himalaja, meine Mönchsbrüder im Zen-Kloster und auch einige meiner Mitbrüder, die weltabgeschieden leben.

Der heilige Franziskus

Auch mit mir kann die Nahrungsmittelindustrie keinen Staat machen. Meine Askese geschah nicht von heute auf morgen, es gab auch Zeiten in meinem Leben, da habe ich gefuttert wie ein Scheunendrescher. Das ist allerdings schon eine Weile her. Irgendwann setzte sich in mir der Gedanke fest, der mich seither nicht mehr verlassen hat: *Warum muss immer irgendein Lebewesen getötet werden, damit ich weiterleben kann?*

Wahrscheinlich denken Sie jetzt sofort an das Rind auf der Weide, das Schwein im Stall oder, wenn es ein glückliches Huhn ist, das Huhn im Gehege. Wir Franziskaner gehen aber noch einen großen Schritt weiter. Denn der heilige Franziskus fühlte sich mit allen Geschöpfen verbunden. Er sprach mit Tieren, Pflanzen, sogar mit den Steinen. Dabei war er ein Kerl mit Ecken und Kanten und überraschenden Ansichten, mit denen er die Menschen seiner Zeit in Bann schlug. Vielleicht sind Sie mit der Geschichte vertraut, wie aus dem Sohn eines wohlhabenden Kaufmanns ein Ordensgründer wurde?

Das geschah in der Zeit um 1200, als im heutigen Italien ein großer gesellschaftlicher Umbruch stattfand. Franziskus verbrachte eine fröhliche Jugend. Er idealisierte die Würde des Rittertums, was ihn dazu bewog, in den Krieg zwischen den Städten Assisi und Perugia zu ziehen. Dabei geriet er in Gefangenschaft und erkrankte schwer. In dieser Zeit wuchsen Zweifel in ihm, ob dieses Dasein der wahre Sinn seines Lebens war. Er begann, sich zum Gebet zurückzuziehen – hier haben wir ihn schon wieder, den Rückzug –, um den Willen Gottes zu erfragen.

Das können Sie wortwörtlich nehmen: Franziskus hatte Fragen, und Gott gab ihm Antwort. Das fand statt in der kleinen Kirche San Damiano, die nach der Überlieferung schon bessere Tage gesehen hatte. Franziskus ging trotz ihrer Baufälligkeit immer wieder hin. Eines Tages vernahm er eine Stimme, die vom Kreuz aus zu ihm sprach: »Franziskus, geh und stell mein Haus wieder her, das – wie du siehst – ganz verfallen ist!« Ja, klar, das Kirchlein war wirklich verfallen. Bedeutete der Auftrag, mit der Sanierung zu beginnen? Genau das tat Franziskus. Er begann, zerfallene Kirchen in der Umgebung zu reparieren, bis ihm klar wurde, dass der Satz »… stell mein Haus wieder her, das ganz verfallen ist!« im übertragenen Sinne zu verstehen war: Das Haus Gottes, die Erde, auf der die Menschen leben, war in keinem besonders guten Zustand. Da gab es einiges zu tun.

Für Franziskus bedeutete das, mit seinem alten Leben zu brechen, ganz im Sinne von Jesus. Sein Vater, der reiche Tuchhändler, hatte kein Verständnis für die Hirngespinste seines Sohnes. Er führte ihn zum Bischof, damit dieser ihn umstimmte. Und was tat Franziskus? Er legte dort alle seine Kleider ab, um von nun an bis zu seinem Lebensende das Habit des Einsiedlers zu tragen. Der Strick, den wir Franziskaner heute noch umbinden, ist ein Zeichen für diesen Wandel. Damals trugen die reichen Bürger geschmückte Ledergürtel, in denen sie ihr Geld aufbewahrten. Der Strick zeigte: *Ich brauche dieses Geld nicht mehr.*

Von nun an zog Franziskus durchs Land und predigte. Seine Lebensweise war so vorbildhaft, dass ihm viele folgten. Mit seinen Gefährten kam er 1209 bis nach Rom, wo ihm Papst Innozenz III. seine Lebensform bestätigte. Daraus entstand eine Ordensregel, die Franziskus 1223 niederschrieb und von Papst Honorius III. bestätigt wurde. Sie hat bis zum heutigen Tag Gültigkeit – im Jahr 2023 also seit achthundert Jahren.

Was heute aktueller ist denn je, ist Franziskus' Hinwendung zu allen Geschöpfen. Er nannte jede Kreatur »Schwester« oder »Bruder«. In seinem berühmten »Sonnengesang« verband er das Wunder der Schöpfung mit dem Lob Gottes. Damit wandelte er auf den Spuren von Jesus, der mit Sicherheit nie die Meinung vertreten hat, dass wir uns die Erde untertan machen sollen. Sondern, dass wir gut miteinander auf der Erde leben, und dabei liegt die Betonung auf dem Wort »miteinander«.

Jesus selbst sprach ja Aramäisch, was damals in der Region des heutigen Irak, Iran, Israel, Libanon, Syrien und Türkei die Alltagssprache war. Was wir davon wissen, wurde später ins Griechische, dann ins Lateinische und schließlich ins Deutsche übersetzt. Wir können uns also vorstellen, wie ungewollt, und manchmal auch gewollt, sich vieles verändert hat, ähnlich wie beim Spiel »Stille Post« unserer Kindheit. Sie erinnern sich: Ein Kind flüstert dem anderen einen Satz ins Ohr, und so geht es weiter, bis das letzte Kind unter dem Prusten der anderen herausposaunt, was bei ihm angekommen ist, und das ist meist etwas völlig anders als der Ursprungssatz.

Ein Sprachwissenschaftler machte sich einmal die Mühe, die Zitate von Jesus über die Umwege Latein und Griechisch ins Aramäische zurückzuübersetzen. Da kamen Sachen heraus, gegen die das Kinderspiel harmlos ist. Jesus ist in meinen Augen immer Vegetarier gewesen. Nur durch falsche Übersetzungen mussten und müssen noch immer Abermilliarden Tiere leiden. Und so steht für mich außer Frage, dass es Menschen gibt, die tatsächlich von dieser ominösen Lichtnahrung leben, was für mich nichts anderes bedeutet, als die Gnade und Energie Gottes zu spüren.

Ich bin selbst der Geschichte von Anna Schäffer nachgegangen, die in der Gemeinde Mindelstetten in Oberbayern lebte. Bei einem Unfall verbrühte sie sich als junge Frau die Beine und war danach jahrzehntelang ans Bett gefesselt. In ihren letzten Lebensjahren ernährte sie sich von einer Hostie am Tag.

Eine Hostie genügte auch Nikolaus von Flühe, bekannt als Bruder Klaus, der heute als Schutzpatron der Schweiz verehrt wird. Er war ein wohlhabender Bauer im Kanton Obwalden, der immer wieder Visionen hatte, und eines Tages, mit dem Einverständnis seiner Ehefrau, sie und die gemeinsamen zehn Kinder verließ. Er wollte wohl in die Welt hinaus, doch weit kam er nicht. Nur wenige Kilometer von seiner Heimat entfernt ließ er sich als Einsiedler nieder. Schon bald strömten die Fragenden und Sinnsuchenden zu ihm, was auch bei Anna Schäffer so war.

Sie können mir glauben: Auf die göttliche Energie, von denen diese Menschen lebten, warte ich zeit meines

Lebens. Doch sie kommt nicht auf Abruf, sondern dann, wenn wir am wenigsten damit rechnen.

Die Stille nach dem Kernspin

Als ich mich daranmachte, dieses Buch zu schreiben, wurde ich auf einmal schwer krank. Vielleicht ist der Ausdruck »auf einmal« nicht angebracht, denn in diesem Jahr war ich schon zweimal an COVID erkrankt. Das erste Mal nach einem Ausbruch des Virus im Pflegeheim, in dem ich selbst viele Sterbebegleitungen gemacht hatte. Das zweite Mal war ich bereits geimpft. Jedes Mal ging es mir richtig dreckig, ich glaube, anders lässt sich mein Zustand nicht beschreiben. Allein in meiner Eremitenklause focht ich einen einsamen Kampf mit dem Virus aus. Dabei hatte ich immer wieder das Gefühl, dass Gott zu mir sagt: *Du hast noch eine Aufgabe, dein Weg ist noch nicht zu Ende.*

Als ich wieder auf die Beine kam, fühlte ich mich tatsächlich wie neugeboren, doch der Zustand hielt nicht lange an. Mich plagten Schmerzen im Bereich der Lendenwirbel und Schwindelanfälle, ich stürzte mehrmals und lag hilflos wie ein Käfer auf dem Rücken. Der Verdacht auf einen Bandscheibenvorfall, der sich in so einer Situation aufdrängt, bestätigte sich nicht, als ich endlich zu einer Untersuchung ins Tal hinabsteigen konnte. Dort kam ich in den Kernspin – die berühmt-berüchtigte Röhre –, die für einen freiheitsliebenden und lärmempfindlichen Eremiten die Vorhölle auf Erden bedeutet, trotz aller Vorteile, die sie bei der Untersuchung bringt. Da drin, von Platzangst gepeinigt, spürte ich auf einmal die göttliche Energie in Form von zwei Schutzengeln, die mir beistanden. Sie wichen mir nicht von der Seite. Auch dann nicht, als ich die Diagnose erhielt, dass sich ein Tumor in meiner Lunge festgesetzt habe, die bereits von COVID geschädigt sei.

Inzwischen ist einige Zeit vergangen, in der ich auf eine Geschichte meines Großvaters stieß. Das war der Wilderer, von dem ich Ihnen erzählt habe und der mir sehr nahesteht, obwohl wir uns nie kennengelernt haben. Er starb an Lungenkrebs in einem Alter, in dem auch ich jetzt bin. Natürlich gab es zu seiner Zeit keine so guten Therapien wie heute. Mich faszinieren solche Zusammenhänge, auf die ich auch in den Lebensgeschichten von Menschen stoße, die zu mir kommen, um nach Rat zu fragen. Dann merke ich, es gibt doch etwas Größeres und Höheres, das uns führt.

Kommen nun wieder Menschen bei mir vorbei und fragen: »Bruder Otto, wie hältst du diese Stille aus?«, dann denke ich zurück an die laute Kernspin-Röhre und lächle, weil ich die Stille seither noch mehr schätze.

4. WIE ICH EREMIT WURDE

Jeder Mensch darf sich glücklich schätzen mit einem Beruf, der ihm auch Berufung ist. Egal, ob Lehrer, Zahntechnikerin, Altenpfleger oder Ingenieurin: Wenn wir für eine Sache brennen und mit ganzem Herzen dabei sind, ist es gut und wird es gut. Sind wir das allerdings nicht, fühlt sich der Beruf an wie ein sinnloses Rennen im Hamsterrad. Stress, Burn-out – über die Folgen haben wir schon viel gehört, und trotzdem kommen wir aus der Mühle nur schwer heraus. Ich weiß, von was ich rede, denn genau das habe ich selbst erlebt. Was schon einmal zeigt: Eremit wird man nicht einfach so, und man wird es auch nicht von heute auf morgen. Es ist ein langer und steiniger Weg mit vielen Abzweigungen, die schon mal in die eine oder andere Sackgasse führen, mit schweren Anstiegen und überraschenden Wendungen.

»Der Mensch plant, Gott lacht«, sagt ein Sprichwort. Doch lacht er nicht über unsere Unzulänglichkeiten, den Weg durchs Leben zu finden, sondern um uns ein Vorbild zu sein. Oft sind wir nämlich viel zu verbissen in allem, was wir unbedingt erreichen wollen, und sehen gar nicht mehr, welche Schönheit und Wunder die Schöpfung uns bietet. Stattdessen zanken wir um Ressourcen und darüber, wie wir noch mehr vom Kuchen abbekommen. Es ist für jeden genug da – und oft sogar mehr als genug. Sie dürfen schmunzeln über die Geschichte, die ich Ihnen jetzt erzähle, doch sie ist tatsächlich so etwas wie ein Gleichnis. Die Überschrift könnte lauten:

Wie ich als junger Mönch eine Lehrstunde über die Fülle bekam

Am Anfang jedes Berufs stehen die Lehrjahre, in denen wir das erforderliche Einmaleins unseres künftigen Tuns erlernen. Das ist auch bei Mönchen nicht anders. Die Ausbildung dauert rund neun Jahre und ist in verschiedene Abschnitte unterteilt. Wir nennen sie Kandidatur, Postulat, Noviziat, Juniorat und Erste Profess. Im Postulat geht es darum, ob man sich für das Ordensleben auch eignet. Es ist eine Art Probezeit, in der man wichtige Einblicke ins Leben einer klösterlichen Gemeinschaft bekommt.

Ich war um die dreißig Jahre alt, hatte bereits meine Erfahrungen im japanischen Zen-Kloster hinter mir und zurück in Deutschland einiges an Irrungen und Wirrungen erlebt, als ich mein Postulat bei den Franziskanern begann. Eines Tages sagte der Vorstand unserer Hausgemeinschaft, den wir »Guardian« nennen, was so viel bedeutet wie »Verwalter« und »Beschützer«: »Wir müssen nach Mallersdorf fahren und ein paar Kisten Hostien holen.«

Er meinte das Kloster Mallersdorf, das Mutterhaus der Armen Franziskanerinnen von der Heiligen Familie. Dort lebten zu dieser Zeit über zweitausend Schwestern, und ich wunderte mich sehr, als der Guardian hinzufügte: »Eines ist klar: Ich geh da nicht rein. Das musst du tun.«

Darauf konnte ich mir keinen Reim machen. Zu dieser Zeit wusste ich nur, dass Bruder Otto immer gefragt war, wenn es darum ging, irgendwohin zu fahren, weil ich einen Führerschein besaß. Bei den Benediktinern konnte damals so gut wie niemand Auto fahren, bei den Franziskanern nur ganz wenige. Also war ich gefordert, doch musste man mich auch nicht zweimal bitten. Zwar verspürte ich die Sehnsucht nach Zurückgezogenheit und Stille, doch gleichzeitig auch die Lust aufs Unterwegssein und auf Abenteuer. Mit dieser inneren Unruhe, die manchmal ganz schön heftig ist, bewege ich mich ganz und gar in den Fußstapfen der Wüstenväter, die ebenfalls die Einsamkeit liebten und doch gern »on the road« waren.

Es war das erste Mal, dass ich nach Mallersdorf fahren durfte, und dabei erging mir nicht anders als jedem Besucher, der sich diesem Kloster nähert: Ich staunte über die schiere Größe der Anlage, die auf das Jahr 1100 zurückgeht.

»Ich warte im Auto«, sagte der Guardian, als ich parkte. Er hatte das also ernst gemeint, dass er das Kloster nicht betreten wollte? Bis jetzt hatte ich geglaubt, er macht einen Spaß mit mir, doch nun klappte er den Sitz zurück und machte es sich bequem. Na gut. *Das werde ich hinkriegen,* dachte ich, marschierte zur Pforte und klopfte an.

»Ich komme vom Kloster Eggenfelden«, sagte ich zur Schwester, die öffnete. Sie führte mich in einen großen Saal, bat mich, Platz zu nehmen, und verschwand. Es dauerte nicht lange, und eine andere Schwester tauchte auf. Sie musterte mich, dann fragte sie mit freundlicher Stimme: »Es kann ein bisschen dauern. Magst du solange einen Kuchen?«

Dagegen hatte ich nichts einzuwenden. Zu meinen Lieblingsritualen gehörte schon immer, mir an einem Sonntagnachmittag ein Café zu suchen, um dort in aller Seelenruhe ein Stück Kuchen und eine Tasse Kaffee zu genießen. Heute war nicht Sonntag, doch mussten wir päpstlicher sein als der Papst? Jedenfalls sagte ich »Ja«. Ein paar Minuten später stand ein Teller mit einem Stück Kuchen vor mir, der gut und gern zwei von meiner Statur satt gemacht hätte. Ich war glücklich und haute rein. Da gesellte sich eine zweite Schwester dazu.

»Na, du kannst ja futtern«, sagte sie. »Gut, dass ich auch gebacken habe.«

Ehe ich mich versah, hatte ich einen zweiten Kuchenteller vor mir, beladen mit einem Stück, das ebenfalls nicht von schlechten Eltern war. Ich bedankte mich und ließ es mir schmecken. Als ich aufsah, standen drei weitere Schwestern vor mir. Jede hatte einen Teller mit Kuchen in der Hand.

Das glaube ich nicht, dachte ich, doch es war keine Erscheinung. Die Schwestern waren real, die Kuchen waren es auch, und dass ich jetzt Schwäche zeigte, kam überhaupt nicht infrage. Doch das war noch nicht das Ende.

An diesem Tag lernte ich die Fülle kennen in Form von siebzehn Stück Kuchen und siebzehn erwartungsvollen Gesichtern der Konditorinnen, die ich auf keinen Fall enttäuschen durfte. Ich mampfte und lobte, lobte und mampfte und dachte irgendwann: *Das überleb ich nicht.* Die Schwestern standen im Halbkreis Spalier und schauten mir zu. *siebzehn von 2000,* dachte ich. *Was ist, wenn die anderen auch gebacken haben?*

Hatten sie aber nicht, oder sie erfuhren nichts von meiner Anwesenheit. Als ich einige Zeit später zum Auto kam, grinste mich der Guardian an.

»Siehst du«, sagte er. »Deshalb gehe ich da nicht rein!«

Wahrscheinlich habe ich im Kloster Mallersdorf den Rekord im Kuchenvertilgen aufgestellt. Nachdem sich mein Bauchgrimmen gelegt hatte, brauchte ich keine neue Lektion mehr in Sachen »Weniger ist oft mehr«.

Immer wieder kam mir in späteren Jahren die Geschichte in den Sinn, wenn ich über die ungleiche Verteilung der Ressourcen nachdachte. Egal, ob Geld oder Nahrung – die einen haben zu viel, die anderen zu wenig. Als ich an diesem Buch schrieb, besaß rund ein Prozent der Weltbevölkerung sechsundvierzig Prozent des weltweiten Vermögens – eine große Ungerechtigkeit und Grund genug für Papst Franziskus, immer wieder aufs Neue »den Kult des Geldes und die Diktatur der Ökonomie« anzuprangern.

Ich bin nur ein einfacher Eremit. Doch ich bin davon überzeugt, dass alle Menschen auf der Welt satt werden können, ohne dass wir die Erde dafür ausbeuten müssen. Es ist genug Kuchen da. Wir müssen ihn nur richtig verteilen.

Sich selbst sehen

Ich habe Ihnen ja erzählt, dass ich das Handwerk des Druckers gelernt habe. Durch den Wandel in der Technologie musste ich gleich nach der Lehre einen draufsatteln und mich in Sachen Offset-Druck weiterbilden. Das tat ich in Stuttgart, wo es viele Verlage und große Druckereien gab. Ich war reichlich grün hinter den Ohren, denn bis dahin war ich nur selten aus dem Schwarzwald herausgekommen – vom Leben wusste ich so gut wie nichts. Ich fand ein günstiges Zimmer in der Olgastraße, unweit des Bohnenviertels, wo in der schwäbischen Hauptstadt das Rotlichtmilieu zu Hause ist. Davon hatte ich keine Ahnung. Ich wunderte mich nur, dass meine Mitbewohnerinnen sehr spärlich bekleidet auf die Straße gingen. Später wurde mir klar, unter welchen harten Bedingungen sie ihren Lebensunterhalt verdienen mussten. Überhaupt gewann ich von Stuttgart den Eindruck, dass nur solche Leute über die Runden kamen, die hart zu anderen waren.

Dazu gehörte auch die Clique, in die ich geriet und wo jeder das große Wort führte. Dort hatte ich nichts verloren, doch ich war einsam und daher froh, dass ich nach der Arbeit Anschluss fand. Die Typen, mit denen ich unterwegs war, scherten sich wenig um Gesetze, und so war es kein Wunder, dass wir immer wieder mit der Polizei zu tun hatten. *Was hängst du mit denen ab, Otto?,* fragte ich mich jeden Tag aufs Neue, doch mich von ihnen zu lösen schaffte ich auch nicht. Vielleicht müssen wir in jungen Jahren diese Prüfungen durchstehen, damit wir später anderen Menschen, denen es ähnlich ergeht, mit Rat und Tat zur Seite stehen können. Doch ich wäre froh gewesen, wenn ich in der aggressiven Atmosphäre dieser Clique schon das Gleichnis der beiden Wüstenväter gekannt hätte, das mir erst später zu Ohren kam.

Die beiden, so erzählt man sich, lebten viele Jahre in Ruhe und Frieden zusammen. Weil das so selten vorkam, auch zur damaligen Zeit schon, und sie an den Erfahrungen anderer Menschen teilhaben wollten, sagten sie sich eines Tages: »Lass uns miteinander streiten, so wie es die anderen auch tun.« »Wie geht das eigentlich?«, fragte der eine ratlos. Da erwiderte der andere: »Na komm, ich lege jetzt einen Stein zwischen uns und sage, dass es meiner ist. Dann sagst du, es ist deiner. So beginnt ein Streit.« Ein gutes Beispiel, denn das ist der Grundkonflikt auf Erden: zwei Hunde, ein Knochen. Zwei Männer, eine Frau. Zwei Frauen, ein Mann. Zwei mit Herrschaftsanspruch, ein Königreich. Zwei Halunken, eine Kiste Gold. Ich denke, Sie wissen, was gemeint ist.

Die beiden Wüstenväter legten also einen Stein zwischen sich, und einer sagte: »He, dieser Stein gehört mir.« Der andere antwortete: »Nein, nein, es ist meiner!« Darauf erwiderte der erste: »Ja, du hast recht, es ist deiner. Nimm ihn.« Die beiden schauten sich an und lachten. Sie brachten es nicht fertig, miteinander streiten. Weil ihre Harmonie von einer tiefen Beziehung zu Gott rührte und weil sie die Angelegenheit nicht so verbissen sahen.

Beides fehlte mir damals in Stuttgart: Ich war so verbissen wie die anderen, und meine Beziehung zu Gott war – nun, ich will es mal so sagen – noch ausbaufähig. Dazu lebte ich in einer Stadt, die alles andere war als still, und das nicht nur, weil sie Deutschlands Auto-Hauptstadt war und ist.

In mir selbst war ebenfalls keine Stille, was an lauten Orten ohnehin eine Herausforderung ist. Viel später in meinem Leben stieß ich auf folgende Geschichte über einen einsamen Mönch, der für sich allein in der Wüste lebte.

Eines Tages tauchte ein Besucher bei ihm auf. Dieser fragte: »Welchen Sinn hat dein Leben in der Stille?« Der Mönch war gerade dabei, Wasser aus einem tiefen Brunnen zu schöpfen, und winkte den Besucher zu sich. »Was siehst du, wenn du in den Brunnen blickst?« Der Besucher beugte sich über den Rand und antwortete: »Nichts!« Der Mönch ließ es dabei, doch nach ein paar Minuten forderte er den Besucher erneut auf, in den Brunnen zu schauen. »Und was siehst du jetzt«, fragte er. »Jetzt sehe ich mich selbst«, lautete die Antwort. Da sagte der Mönch: »Als ich vorhin Wasser schöpfte, war es unruhig, doch jetzt ist es ruhig geworden. Das ist die Erfahrung, die du in der Stille machst. Du siehst dich selbst.«

Die Frage ist, wenn wir uns selbst sehen: Gefällt uns das, was wir dann sehen? Im Augenblick sehe ich mich gerade als jungen Burschen in Stuttgart, weil ich darüber schreibe. Ich könnte jetzt leicht selbstkritisch sagen: »Nein, dieser Anblick gefällt mir ganz und gar nicht.« Manche Menschen tendieren zur Selbstkritik, andere stehen darüber. Beides bringt einen nicht unbedingt weiter. Denn eines ist auch klar: Hätte ich in meinem Leben nicht all die Erfahrungen gemacht, die ich gemacht habe, stände ich heute nicht da, wo ich jetzt stehe. Und genauso geht es Ihnen bestimmt auch. Hand aufs Herz: Irgendwas geht immer schief – wir bleiben nur dann von Fehlern verschont, wenn wir gar nichts tun, und das wiederum ist auch ein Fehler, weil es weder uns noch der Menschheit nützt.

Der einsame Mönch in der Wüste tut nämlich sehr viel: Er sorgt mit seinen Gebeten und seiner Meditation für einen Ausgleich der Kräfte. Viel wissen wir noch nicht über die Gesetze der morphogenetischen Quantenphysik, doch nach und nach findet die Wissenschaft heraus, wie sehr es unser eigenes Leben berühren kann, wenn der berühmte Sack Reis in China umfällt. Anders gesagt: Alles, was wir tun, hat Auswirkungen auf alle und alles. Wir Menschen tragen zur Wirkkraft des Universums bei. Machen wir uns das bewusst, denn so wird uns klar, dass wir Teil der Schöpfung sind und Gott in uns tragen.

Von all diesen Erkenntnissen war ich zu Stuttgarter Zeiten noch meilenweit entfernt. Doch ich war bereits auf dem Weg: Kaum hatte ich meine Ausbildung zum Offset-Drucker beendet, verließ ich Stuttgart mit wehenden Fahnen. Dass ich in Freiburg vom Regen in die Traufe kam, habe ich Ihnen bereits erzählt. Doch auch das war eine wichtige Station auf meinem Weg. Denn dort traf ich auf den Zen-Mönch. Dieser Impuls brachte mich nach Japan ins Kloster. Ich bin ein großer Verfechter der Impulstheorie, und es sind göttliche Impulse, die uns antreiben. Wir können uns das wie ein Kugelpendel vorstellen, das manche Leute auf ihren Schreibtisch stellen. Eine Kugel wird in Schwingung versetzt, stößt die nächste Kugel an, diese gibt die Schwingung weiter, und so geht es fort, bis die letzte Kugel auf der gegenüberliegenden Seite angestoßen wird.

Impulse fordern unser Bauchgefühl heraus, nicht den Verstand. Wer Gott in sein Leben einlädt, darf seinen intuitiven Kräften vertrauen. Schon sind wir wieder bei den Wüstenvätern und Wüstenmüttern, die ihre Intuition Tag für Tag in der Stille übten. Weil wir nicht alle in der Wüste leben, habe ich eine wunderbare kleine Übung für Sie, mit der Sie Ihre Intuition schulen können.

Praxisübung: **Wofür sind Sie dankbar?**

Dankbarkeit eignet sich sehr gut dafür, um uns mit unserer Gefühlswelt zu verbinden. Dazu brauchen Sie sich nur ein paar Minuten Zeit zu nehmen: Notieren Sie sich einfach zehn Dinge in Ihrem Leben, für die Sie dankbar sind. Ich mache das gerade auch und notiere, was mir in den Sinn kommt, ohne den Verstand darüber urteilen zu lassen:

Ich bin dankbar dafür, dass ich dieses Buch schreiben darf.

Ich bin dankbar für die Klause, in der ich lebe.

Ich bin dankbar für den Waldspaziergang, den ich heute gemacht habe.

Ich bin dankbar für die gute Luft, die ich hier einatmen darf.
Ich bin dankbar für meine Kapelle nebenan, wo ich jeden Tag Gespräche mit Gott führe.
Ich bin dankbar dafür, dass so viele Menschen in Wolfach immer mal wieder den Weg zu mir hoch finden.
Ich bin dankbar für das Frühstück heute Morgen.
O ja, ich bin auch dankbar für die Tasse Kaffee, die mich in Schwung gebracht hat.
Ich bin dankbar für mein Morgengebet.
Ich bin dankbar für das Bächlein, das mir von draußen seine Musik vorspielt.
Ich bin dankbar für … ach, es sind schon zehn?
Sie sehen, das ist gar nicht schwierig. Wiederholen Sie das Ganze am nächsten Tag, und schreiben Sie wieder zehn Dinge auf, für die Sie dankbar sind. Da werden Neue dazukommen, aber vielleicht auch nicht, es ist egal. Am übernächsten Tag geschieht dasselbe, und so fahren Sie fort, bis eine Woche vorbei ist. Sie werden feststellen, wie rasch Sie den wesentlichen Themen Ihres Lebens nahekommen. Sie öffnen Ihre Gefühlswelt, und nichts anderes ist Intuition. Nach dieser Woche werden Sie sensibel sein für Ihre Umwelt. Und wenn wir sensibel sind, können wir Impulse, die unserem Leben eine neue Richtung geben wollen, viel einfacher spüren und ihnen folgen.

Mit Gottvertrauen nach Nürnberg

Ja, mit der Dankbarkeit bei den Menschen ist es so eine Sache – und wirklich eine Übungssache. Als ich aus Japan nach Deutschland zurückkehrte, machte ich einen Abstecher in meine alte WG in Freiburg. Ich hatte dort noch meine Möbel und einige persönliche Sachen stehen, das dachte ich zumindest. Als ich dort eintraf, starrte man mich an wie ein Wesen aus einer anderen Welt.

»Also, ich war mir ganz sicher, dass du den Löffel abgeben hast«, sagte einer meiner früheren Mitbewohner zur Begrüßung, und es klang nicht unbedingt so, als ob er sich groß darüber freute, dass das offensichtlich nicht der Fall war. »Deine Sachen haben wir übrigens zu Geld gemacht.«

Wenn ich bis dahin nicht gewusst hatte, dass ich unerwünscht war – spätestens jetzt wurde es mir bewusst. Mit meinem Wissen von heute wundere ich mich auch nicht darüber. Wer ins Abenteuer aufbricht und dabei eine Reise mit vielen Erkenntnissen macht, die ihn für den weiteren Lebensweg verändern, kann nicht mir nichts, dir nichts in sein altes Dasein zurückkehren. Die anderen würden sich ständig daran stoßen, dass der Heimkehrer nicht mehr »der Alte« ist. Und selbst wird man an den Lebensumständen von damals auch nicht mehr froh. So gesehen, bereiteten mir meine ehemaligen Mitbewohner ein Geschenk: Sie sorgten dafür, dass ich auch in Freiburg keinen Anker mehr auswarf, sondern die Segel setzte, um weiterzuschippern. Nur, wohin?

Und nun kommt die Intuition ins Spiel: Ich marschierte zum Hauptbahnhof und schaute auf dem Abfahrtsplan, wohin der nächste Zug fuhr. *Nürnberg,* las ich. Ich war noch nie in Nürnberg gewesen, ich hatte dort weder Verwandte noch Bekannte. Trotzdem vertraute ich auf das Gefühl, dass es richtig war, und kaufte eine Hinfahrkarte. Wäre ich ein paar Minuten früher gekommen, hätte ich den Zug nach Hamburg erwischt. Ein paar Minuten später den nach Zürich. Es war eine dieser Kreuzungen im Leben, an der uns Gottesvertrauen hilft. Es sollte also Nürnberg sein? Gut – ich vertraute darauf.

Ein paar Stunden später traf ich in der alten Stadt unter der Kaiserburg ein. Zunächst lief alles wie am Schnürchen. Ich fand eine schöne Wohnung am Waldrand von Schwabach und eine Arbeitsstelle im Süden von Nürnberg. Schnell wurde aber klar: Mein neues Leben hatte mit meinem alten Leben als Zen-Mönch in Japan nichts gemein. Es war nicht nur der Kulturschock, der mich traf, es war ein wahrer Lebensschock. Obwohl man mir das in dieser Zeit womöglich gar nicht ansah, wurde ich von Tag zu Tag unglücklicher.

Heute, wo ich weiß, dass wir Menschen die Lebensaufgabe suchen, die wir mit Gott besprochen haben, wundert mich mein elender Seelenzustand in keiner Weise. Damals hatte ich vor allem das Gefühl, »im falschen Leben zu sein«.

Kennen Sie das? Wir wissen genau, das ist nicht unser Weg, und würden so viel dafür geben, um von Gott einen Hinweis zu bekommen. Doch was wir von ihm bekommen haben, ist unsere Entscheidungsfreiheit. Wir sind selbst verantwortlich, und das ist gut so. Was würden wir schon lernen, und wie könnten wir uns entwickeln, wenn uns Gott alle Steine aus dem Weg räumte? Schaffen wir das selbst, blicken wir am Ende unseres Lebens zufrieden zurück. Allerdings können wir scheitern, das ist nun mal Teil der Entscheidungsfreiheit. Und ich war in Nürnberg irgendwann auf dem besten Weg zu scheitern. Zumindest fühlte es sich so an.

Heute bin ich sicher, dass Gott zu der Zeit ziemlich zufrieden mit mir war. Denn ich blieb ein Suchender, ganz im Sinne der Wüstenväter. Ich öffnete im übertragenen Sinne meine Antennen und fuhr meiner Fühler aus. Irgendwann stieß einer dieser Fühler auf einen wertvollen Hinweis: »Kloster auf Zeit«, las ich in einem kleinen Prospekt, der mir in die Hände gefallen war. »Könnte das nicht was für Sie sein?«

Wenn so etwas passiert, spüren wir die Antwort sofort in uns! *Danach habe ich gesucht,* sagte mir mein Gefühl. Kloster auf Zeit – was immer sich hinter diesem Begriff verbarg, ich war bereit, es herauszufinden!

Kloster auf Zeit

Rund 90 Kilometer sind es von Nürnberg zur Benediktinerabtei Münsterschwarzach, also nicht viel mehr als ein Katzensprung. Und doch taucht man dort in eine ganz andere Welt ein. Damit sind wir schon beim entscheidenden Punkt angelangt, der für das »Kloster auf Zeit« spricht: Hier erhält man die Möglichkeit, in das Klosterleben hineinzuschnuppern, ohne das zivile Leben gleich aufzugeben.

Wie so oft, wenn ich mich einem noch unbekannten Kloster näherte, war ich von seinem Baustil beeindruckt. Die vier trutzigen Türme der Klosteranlage fallen einem schon von Weitem ins Auge. *Hier hat man für die Ewigkeit gebaut*, kam mir in den Sinn, als ich sie das erste Mal erblickte.

Bereits 788 hatte an diesem Ort das klösterliche Leben begonnen. Die ersten Äbtissinnen stammten aus der kaiserlichen Familie des karolingischen Herrscherhauses. 877 verließen die Nonnen das Kloster, welches von nun an von Benediktinern bewohnt wurde. So spannend, wie sich die Historie der letzten Jahrhunderte liest, so spannend sind auch die Klostergeschichten. Wechselnde Herrscherhäuser, Religionsstreitigkeiten, Kriege – das alles hinterließ Spuren. Auch das Kloster Münsterschwarzach wurde im Bauernkrieg 1525 komplett zerstört. Als 1618 der Dreißigjährige Krieg begann, war das Kloster noch gar nicht wieder ganz aufgebaut.

Dieser Konfessionskrieg hatte verheerende Auswirkungen auf ganz Europa. Meine damalige Heimatstadt Nürnberg zum Beispiel erreichte seine Einwohnerzahl aus dem Jahr 1618 erst im Jahr 1850 wieder. Der Krieg endete 1648 im Zweiten Religionsfrieden, auch bekannt als Westfälischer Frieden. Danach begann in Münsterschwarzach eine Blütezeit. Unter Abt Benedikt Weidenbusch wurde eine philosophisch-theologische Hochschule gegründet, und es wurde viel gebaut. Das Gästehaus von 1696 ist heute noch erhalten. Das ist ein kleines Wunder, denn im Jahr 1803 kam die Säkularisation unter Napoleon. Dabei wurde auch die Abtei Münsterschwarzwach aufgehoben, und die Gebäude verfielen im Laufe der Zeit fast vollständig. Erst hundertzehn Jahre später, im Jahr 1913, kamen Mönche aus Sankt Ottilien, machten sich an einen Neubeginn, der zum Glück von Dauer ist: Während ich diese Zeilen schreibe, gehören rund hundertsiebzig Mönche zur Abtei. Fünfzig von ihnen sind als Missionare in Afrika und Asien tätig.

Einer der bekanntesten Mönche in Münsterschwarzach ist Pater Anselm Grün. Auch ihn lernte ich während meiner Zeit dort kennen. Pater Anselm war der Cellerar des Klosters, also sein Geschäftsführer. Auch der dort lebende Pater Meinrad Dufner wird von Besuchern gern aufgesucht. Pater Meinrad arbeitet als Goldschmied und Bildhauer und stellt Keramiken her. Selbst einen Verlag gibt es auf dem weitläufigen Klostergelände, dazu eine Druckerei, eine Buchbinderei, eine Schreinerei und Spenglerei, eine Elektro- und eine Kfz-Werkstatt. Ein Gymnasium gehört zum Betrieb und natürlich die Landwirtschaft sowie verschiedene Läden, in denen die Produkte der Abtei verkauft werden.

Hier verbrachte ich nach dem Zen-Kloster in Japan meine erste Klosterzeit auf deutschem Boden, und ich fühlte mich sehr wohl. Das änderte sich allerdings wieder, wenn ich in meinen Alltag nach Nürnberg zurückkehrte.

Natürlich sagte schon damals eine innere Stimme: *Du könntest doch im Kloster bleiben.* Es gab aber auch eine Stimme, die kräftig dagegenhielt.

Kennen Sie das auch? Immer wieder geraten wir in solche Situationen, und es fällt uns unendlich schwer, eine Entscheidung zu treffen. Es gibt sogar einen Ausdruck in der Konfliktforschung dafür. Man nennt es einen »Annäherungs-Annäherungs-Konflikt«, wenn uns zwei Möglichkeiten zur Verfügung stehen, von denen aber nur eine machbar ist.

Stellen Sie sich vor, Sie sind auf gleich zwei tolle Partys eingeladen, können aber nur zu einer gehen. Solche Entscheidungen sind weitaus schwieriger als die zwischen zwei Möglichkeiten, die wir beide nicht mögen. Heute weiß ich, dass dann Geduld gefragt ist: Wenn wir uns noch nicht entscheiden können, ist auch die Zeit noch nicht reif.

Das war bei mir der Fall. Ich war noch nicht reif dafür, mich völlig dem mönchischen Leben zu widmen. Ich musste erst noch weitere Erfahrungen im Zivilleben sammeln, auch wenn diese nicht besonders glücklich waren. Daher nutzte ich weiter das Angebot des »Klosters auf Zeit«.

So, wie andere Menschen im Urlaub ans Meer fahren oder in die Berge, freute ich mich darauf, meine Urlaubstage im Kloster verbringen zu dürfen. Das hatte den Vorteil, dass ich immer mehr dazulernte und einen besseren Einblick in die Besonderheiten der verschiedenen Orden gewann.

So unterscheiden sich Benediktiner und Franziskaner zum Beispiel darin, dass Benediktiner die meiste Zeit ihres Lebens im Kloster verbringen – natürlich gibt es Ausnahmen, wie Pater Anselm Grün, der viel unterwegs ist –, während die Franziskaner in der Regel hinaus zu den Menschen gehen. Die demütige Art der Franziskaner, die auf das Leben von Franz von Assisi zurückgeht, gefiel mir am besten. Ihre Einstellung »Ich bin für dich da, wann immer du mich brauchst«, schenkte mir Kraft und Energie.

Exkurs über den Lazarus-Orden

Und so stieß ich eines Tages auf den Lazarus-Orden. Auch die Geschichte dieses Ordens reicht weit zurück, sogar noch weiter als die der Franziskaner: Im 12. Jahrhundert wurde der Lazarus-Orden in Jerusalem gegründet, und wenn Sie im Wort »Lazarett« den Namen Lazarus vermuten, liegen Sie völlig richtig. Von Beginn an ging es in diesem Orden darum, den Ärmsten der Armen zu helfen, und das waren zu diesen Zeiten an Lepra erkrankte Menschen. Sie waren »Aussätzige« – allein dieses Wort besagt, wie man mit ihnen umsprang. Keiner wollte etwas mit ihnen zu tun haben, denn zu ansteckend und zu abstoßend war ihre Krankheit. Ausgestoßen aus der Gesellschaft mussten sie bis zu ihrem fürchterlichen Tod dahinvegetieren. Der Lazarus Orden entstand als Krankenpflegeorden für Lepra-Kranke, aus dem nicht nur das Lazarett und das Leprahaus hervorgingen, sondern in späteren Jahren auch das grüne Kreuz, das Sie noch immer an Apotheken finden.

Lepra ist eine der ältesten bekannten Krankheiten und wurde bereits vor viertausend Jahren in Indien nachgewiesen. Im Krankheitsverlauf verändern sich Haut, Nervengewebe und Knochen der Erkrankten, was zur Bezeichnung »Aussatz« führte. Und nun stellen Sie sich das 12. Jahrhundert vor – ich glaube, mit den Erfahrungen der COVID-Pandemie fällt uns das gar nicht so schwer. Denn wie haben wir auf das Virus reagiert? Erst einmal mit Abstandsregeln und Gesichtsmasken. Ärzte, die COVID-Patienten behandeln, tragen außerdem eine Schutzkleidung, die an einen Astronautenanzug erinnert.

Das gab es im 12. Jahrhundert nicht. Tauchte ein Lepra-Kranker auf, rannten die Menschen entsetzt weg. Im Mittelalter mussten Betroffene eine Warnklapper mit sich führen, um durch lautes Klappern für Abstand zu sorgen. Dazu mussten sie das sogenannte Lazaruskleid tragen, damit jeder sehen konnte: Hier kommt ein Lepra-Kranker.

Es war aber nie nur einer, es waren Abertausende, denn Lepra ist hochinfektiös. Es steckt nur kein Virus hinter der Krankheit, sondern das Bakterium Mycobacterium leprae, das erst 1873 durch den Norweger Gerhard Armauer Hansen entdeckt wurde. Sein Genom konnte im Jahr 2001 vollständig aufgeschlüsselt werden, was aber nicht heißt, dass es Lepra heute nicht mehr gibt. Weit gefehlt, rund vier Millionen Menschen weltweit müssen mit teils schwersten Behinderungen leben sowie mit Ausgrenzung und Stigmatisierung.

In allen Städten der damaligen Welt lebten im Mittelalter unzählige Lepra-Kranke, natürlich auch in Jerusalem. Die Mönche des Lazarus-Ordens nahmen sich dieser Menschen an. Viele von ihnen erkrankten selbst, und trotzdem taten sie alles, um das Leid zu lindern.

Als ich davon erfuhr, war ich schlichtweg ergriffen und begeistert! Hatte mein Weg zum Lazarus-Orden mit meinem persönlichen Lebensweg zu tun? Ja, davon bin ich überzeugt. Denn wenn ich an meine Kindheit zurückdenke, fällt mir als Erstes ein, dass ich ein Außenseiter war. Nicht nur, weil ich zu meinem Vater ein schwieriges Verhältnis hatte und ihm nur selten etwas recht machen konnte. Auch sonst fühlte ich mich oft fehl am Platz.

Auch die Mönche des Lazarus-Ordens standen am Rand der Gesellschaft. Darin fand ich mich wieder. Das wohl der Grund, weshalb ich so lange gezögert hatte, in den Orden der Benediktiner einzutreten. Auf mich hatte etwas gewartet, das ich erst noch kennenlernen musste, und das war der Lazarus-Orden. Hier wurde ich zum ersten Mal mit schwerstkranken Menschen und Sterbenden konfrontiert, was mich für mein weiteres Leben prägte.

Das Kloster des Lazarus-Ordens lag in Remscheid, einer Stadt in Nordrhein-Westfalen, in der die Schwerindustrie zu Hause ist. Ganz sicher kennen Sie Namen der dort ansässigen Firmen, wie zum Beispiel Mannesmann, Thyssen und Vaillant. Kurioserweise wurde bei Mannesmann ein Walzverfahren erfunden, dass den Namen »Pilgerschritt« erhielt, weil es dem gleichmäßigen Schritt eines Pilgers ähnelte. Kurios ist es deshalb, weil ich in Remscheid zum Pilger werden sollte.

Denn wieder einmal tat sich eine Weggabelung auf: Mir gefiel es in Remscheid so gut, dass ich dem Lazarus-Orden beitrat. Schluss mit »Kloster auf Zeit«, jetzt wollte ich keine halben Sachen mehr machen. Ich hängte mich gleich voll rein, engagierte mich in der Seelsorge, in der Krankenpflege und in der Sterbebegleitung und hatte allmählich das Gefühl anzukommen – da verstarb unser Oberster, und der Orden löste sich auf. Zumindest hatte ich mich bis dahin intensiv mit der Legende des heiligen Lazarus beschäftigen können.

In der Bibel lesen wir, dass er von Jesus vier Tage nach seinem Tod wieder zum Leben erweckt wurde. Lazarus lebte mit seinen Schwestern Martha und Maria in Bethanien, einem Dorf östlich vom Ölberg bei Jerusalem. Jesus war ein guter Freund, die vier haben sich oft getroffen. Dann erkrankt Lazarus, Martha und Maria alarmieren Jesus. Doch Lazarus stirbt, bevor dieser in Bethanien eintrifft. Zusammen weinen sie um den Freund. Dann spricht Jesus zu Martha die Worte: »Dein Bruder wird auferstehen.« Sie gehen zum Grab, Jesus lässt den Stein wegnehmen, betet und ruft laut: »Lazarus, komm heraus.« Und er kommt heraus, in Binden und in ein Schweißtuch gewickelt.

Fröstelt es uns bei dieser Vorstellung? Freuen wir uns darüber? Wie ist es Lazarus selbst ergangen? War dieses

Wunder einer der Gründe, dass die Mächtigen dieser Zeit Jesus lieber tot sehen wollten? Es gibt nicht viele Überlieferungen über das weitere Leben von Lazarus. Es heißt, er sei mit seinen Schwestern in die Provence gepilgert und dort Bischof von Marseille geworden, was Reliquien beweisen sollen, die auf ihn zurückgeführt werden. Gesichert ist nur, dass das erste Hospiz für Lepra-Kranke, welches der Orden eröffnete, in der Nähe von Bethanien lag, also dort, wo Christus Lazarus von den Toten erweckt haben soll.

Auf dem Weg nach Santiago de Compostela

Zu dieser Zeit trugen die Ordensleute in Remscheid das schwarze Habit mit einem Balkenkreuz auf der Brust und einer Hose aus einfachem Stoff ohne Verzierung. Als Kopfbedeckung diente die Kapuze, und wer etwas zu transportieren hatte, steckte es in einen Pilgerbeutel aus Leinen. Alles andere wurde als »Tand« abgetan, ein interessantes Wort aus dem Rotwelsch, im Mittelalter die Sprache der Handwerksburschen auf der Walz und des fahrenden Volkes, kurzum, Menschen, die irgendwie nomadisch lebten. Die konnten keinen Tand – also überflüssiges Zeug – gebrauchen, mit dem sie sich nur abschleppen mussten.

Dieses Wort bekam ich von meinem Guardian zu hören, als ich ihn während der Auflösung um ein Gespräch bat. Denn mir war so etwas wie eine Eingebung gekommen: Ich verspürte den brennenden Wunsch, mich als Pilger auf den Weg nach Santiago de Compostela zu machen. Der Nomade in mir sagte: *So, jetzt bin ich dran, sesshaft warst du lange genug.* Als ich beim Guardian vorsprach, antwortete er: »Geh los! Aber ohne Tand. Das ist die Bedingung.« Dann zählte er auf, was er unter Tand verstand: Geld, Taschen, Wanderstock – im Grunde genommen so gut wie alles. Ich hatte schon einige Wandererfahrung hinter mir, war also nicht ganz unbedarft. Ich wusste, viel brauche ich nicht, aber einiges hilft doch weiter.

»Wie soll ich das schaffen?«, fragte ich.

»Ganz einfach«, antworte der Guardian. »Durch Gottvertrauen.«

Mit dem »ganz einfach« hatte er recht und unrecht zugleich: Mit Gottvertrauen ist alles ganz einfach. Aber es ist gleichzeitig auch das Gegenteil davon. Dieser Widerspruch liegt darin begründet, dass wir erst zum Gottvertrauen kommen müssen. Das war die Lektion, die ich auf meiner Pilgerwanderung lernen durfte.

Blieb noch die Sache mit dem Habit. Meiner war braun – stand das nicht gegen die strengen Regeln des Ordens? Als ich Bedenken äußerte, lachte der Guardian herzlich. Das wiederum sähe er nicht so eng, ließ er mich wissen: Ich solle einfach ein rotes Jerusalemer Kreuz auf meinen Habit nähen, und schon wäre die Sache in Ordnung. Dann wurde er wieder ernst. »Mach dich auf den Weg«, sagte er. »Meinen Segen hast du.«

Gleich am nächsten Tag brach ich auf: im braunen Habit mit rotem Kreuz – und mit sonst fast gar nichts.

Mein ganzes Gepäck bestand aus einem Umhang für Sturm und Regen, einer Matte, die mit Aluminium beschichtet war, um sie auf den kalten Boden legen zu können, und einer Hängematte. Ich liebe Hängematten, und da ich vorhatte, draußen zu schlafen, wann immer möglich, steckte ich sie ein.

»Wenn ein Mensch sich auf eine Reise begibt und immer weitergeht, kommt er eines Tages wieder an seiner eigenen Haustür an«, schrieb der Pilger Jon Mandeville im 14. Jahrhundert. Die Voraussetzung dafür ist allerdings der Aufbruch, das Weggehen, ganz im ursprünglichen Sinne des Wortes: den Weg gehen. Nun leben wir ja meist nach dem Motto, dass wir ein Ziel erreichen möchten, was auch für einen Pilgerweg zutrifft: Er endet immer am Ziel, in meinem Fall sollte es Santiago de Compostela sein.

Doch das war gar nicht mein Ziel, wurde mir klar, als ich unterwegs war. Der Weg allein sollte das Ziel sein, jeder einzelne Schritt, jeder Gedanke, ich wollte das tiefe Sein im Augenblick erfahren.

Natürlich blickt am Abend jeder Pilger auf die zurückgelegten Kilometer zurück, und am Morgen blickt er auf die, die vor ihm liegen. Doch sobald sich meine Beine erst einmal in Bewegung setzten, war mir das nicht mehr wichtig. Es brauchte nicht lange, und das Ziel, nach Santiago zu gelangen, verblasste zusehends. Zumal ich einen harten Kampf auszufechten hatte: Weder konnte ich mich auf Französisch verständigen, noch hatte ich einen Cent in der Tasche. »Gottvertrauen ohne Absicherung«, hatte das der Guardian genannt. Was mich überleben ließ, waren meine Kenntnisse über Kräuter, weil ich mich meistens von ihnen ernährte.

Woher ich diese Kenntnisse habe, will ich Ihnen gleich erzählen – doch darf ich Sie vorher zu einer kleinen Pilgerreise einladen? Ich könnte gerade etwas Bewegung gebrauchen, und Sie vielleicht auch!

Praxisübung: **Die kleine Pilgerreise**

In meiner Klause hängt eine Karte aus dem Jahr 1648, auf der die Wege nach Santiago de Compostela eingezeichnet sind. Wenn ich davorstehe, bin ich tief von dem Gedanken ergriffen, wie viele Tausend Menschen sich seit Jahrhunderten auf den Weg dorthin gemacht haben. Gut zu erkennen ist das Netz der Wege, das sich aus ganz Europa in Richtung dieser Stadt spinnt.

Und das ist der springende Punkt: Jeder Pilgerweg beginnt direkt vor unserer Haustür. Dort liegt der Einstieg, ganz so, wie es der Schriftsteller J. R. R. Tolkien in seinem Buch »Herr der Ringe« beschrieben hat: »Die Straße gleitet fort und fort // weg von der Tür, wo sie begann // weit überland, von Ort zu Ort // ich folge ihr, so gut ich kann.«

Diesem schönen Satz liegt eine tiefe Weisheit zugrunde, die wir für unsere kleine Pilgerreise nutzen wollen. Vielleicht haben Sie einen Spazierweg, den Sie ohnehin immer wieder gehen. Vielleicht suchen Sie sich auch eine neue Runde aus, sie muss nicht groß sein. Doch nun gehen Sie diesen Weg im Gefühl, ein Pilger zu sein.

Ich werde das jetzt auch tun: Ich trete vor die Tür meiner Klause und mache eine Runde durch den Wald. Ich kenne dort jeden Baum, jeden Strauch, und doch wird es heute ganz neu sein, denn tief in meiner Seele lege ich den Weg als Pilger zurück. Dabei genieße ich jeden Schritt. Meine Sinne sind offen. Ich weiß, im Gehen bin ich mit Gott und der Schöpfung verbunden. Probieren Sie es aus! Sie werden staunen, wie wunderbar sich Ihr kleiner Pilgerweg anfühlen wird.
Und weil wir dabei eine Runde drehen, erfüllt sich auch die Weissagung des Pilgers Jon Mandeville: »Wenn ein Mensch sich auf eine Reise begibt und immer weitergeht, kommt er eines Tages wieder an seiner eigenen Haustür an.«

Von nichts kommt nichts

Und so sitze ich erfrischt von meiner kleinen Pilgerrunde wieder am Schreibtisch. Fühlen Sie sich ebenfalls gut? Dann kann ich Ihnen davon berichten, wie ich zu meinem Kräuterwissen kam. Überschrieben habe ich diesen Abschnitt mit »Von nichts kommt nichts«, weil damit alles begann: Ich hatte von Kräutern keine Ahnung.

Ich war einfach ein junger Bursche, den immer wieder der Wunsch übermannte loszuwandern, so wie es unsere nomadischen Vorfahren getan hatten. Wann immer ich die Gelegenheit hatte, machte ich mich auf den Weg: Ich überquerte mit einem Ziel vor Augen die Alpen und den Appennin, dieses wilde und ursprüngliche Gebirge, das

Italien durchzieht, denn ich wollte nach Assisi zum Geburtsort des heiligen Franziskus.

Ein anderes Mal wanderte ich im französischen Zentralmassiv durch die Lava-Landschaft des Puy-de-Dôme. Das sind wunderbare, grasbewachsene Berge, über die ich wandern wollte, wie es mir gerade in den Sinn kam, allerdings war ich ziemlich unerfahren und hatte einen viel zu schweren Rucksack dabei. Der stand im übertragenen Sinne für den schweren Rucksack, den ich in meinem Leben mit mir herumschleppte, vollgestopft mit Ängsten und Zweifeln.

Mit meinem Packen auf dem Rücken stolperte ich einen Berg hinab, um in die Stadt Clermont-Ferrand zu gelangen. Vor mir sah ich einen Mann, doppelt so alt war wie ich, aber auch doppelt so leichtfüßig. In Clermont angelangt, sprach ich ihn an. Er stammte aus der Schweiz, aus dem Kanton Schwyz, und war schon seit einigen Wochen unterwegs, ausgestattet mit einem geradezu winzigen Rucksack. Er lachte über mein Riesenteil, wurde aber ernst, nachdem wir uns eine Zeit lang unterhalten hatten.

»Es gibt zwei Möglichkeiten für dich«, sagte er. »Du schleppst das alles weiter mit dir herum und wirst nicht weit kommen.«

Noch nie hatte jemand eine wichtige Lektion im Leben so deutlich formuliert: Wenn wir uns von der Last des schweren Rucksacks, der uns in die Knie zwingen will, nicht befreien, kommen wir nicht weit.

»Was ist die andere Möglichkeit?«, fragte ich.

»Wir verkaufen deine Sachen. Dann kaufen wir dir einen kleinen Rucksack, ein anständiges Messer, einen Umhang und eine Matte. Mehr brauchst du nicht.«

Das taten wir. Anstelle der Isomatte entschied ich mich für eine Hängematte, ansonsten befolgte ich seinen Rat. Dann deckten wir uns mit etwas Brot ein und stiegen wieder hinauf in die Berge. Für einige Zeit nahm mich der Schweizer unter seine Fittiche. Von ihm lernte ich, dass wir ständig durch einen Garten Eden marschieren, in dem der Tisch reich gedeckt ist. Die Hülle und Fülle an essbaren Pflanzen und Kräutern ist riesig! Wenn Sie sich einmal etwas Gutes tun wollen, gönnen Sie sich ein Tages- oder Wochenendseminar, bei dem Sie von kräuterkundigen Menschen lernen, was alles essbar ist und welchen Genuss diese Kräuter bereiten. Sie finden solche Angebote übrigens auch in manchen Klöstern! Mein erstes Kräuterseminar erstreckte sich über einen Zeitraum von einer Woche. So lange strichen der Schweizer und ich zusammen durch die Vulkanlandschaft von Puy-de-Dôme. Dann trennten sich unsere Wege. Doch davor hatte ich noch ein weiteres tiefgreifendes Erlebnis.

In dieser Gegend ziehen oft schwere Gewitter durch, und auch wir wurden davon überrascht. Ich suchte mir als Schutz den einzigen Baum weit und breit – zugegeben, als Schwarzwälder hätte ich wissen können, dass das keine besonders gute Idee war. Mein Begleiter konnte gerade noch rufen: »Weg von dem Baum!«, und zum Glück folgte ich seiner Aufforderung sofort, denn im nächsten Moment fuhr ein Blitz in den Baum und spaltete den Stamm.

Viele Pilger und Wanderer berichten über ähnliche Erlebnisse, vor allem in den Bergen. Auch mich begleiten Blitze schon das ganz Leben. Einmal wanderte ich in der Sierra Nevada in der spanischen Provinz Andalusien. Dort schlief ich meist auf Bäumen, weil es viele wilde Hunde gab, die nachts auf der Jagd und Wanderern nicht freundlich gesinnt waren. Zog jedoch ein Gewitter auf, war ich sofort vom Baum unten, wilder Hund hin oder her – denn die Lektion aus Puy-de-Dôme habe ich nie vergessen!

Die lange, gewundene Straße des Lebens

»The Long and Winding Road« heißt ein Song der Beatles – da können wir uns doch gut unseren eigenen Lebensweg vorstellen. Meiner gleicht einem langen, gewundenen Weg, auf dem es immer wieder zu kürzeren und auch mal längeren Rastpausen kam. Einige dieser Pausen habe ich genossen – manch andere haben mich fast umgebracht, was ich Ihnen auch nicht verschweigen möchte. Eines verstehen Sie sicher jetzt schon: Eremit wird man nicht von heute auf morgen. Da spreche ich auch für meine Eremiten-Brüder: Jeder von ihnen ist seine lange, gewundene Straße des Lebens gegangen, bevor er sich in die Einsiedelei zurückgezogen hat. Daher kennen wir das Leben in all seinen Farben, Formen und Facetten. Das mag der Grund sein, weshalb die Menschen gern zu Eremiten pilgern: Sie wissen, da ist einer, der weiß, von was er spricht. Dem hat das Leben Spuren ins Gesicht gezeichnet.

Das gilt auch für mich, und die Spuren sind recht tief.

Dabei war ich einmal so ein hübscher junger Mann! Ich war sogar Model! Das glauben Sie nicht? Es stimmt – schauen Sie sich einmal die Fotos in der Mitte des Buches an. Damals war ich ein begehrtes Fotomodell für Mode, und das Beste war, meine Schwester war auch sehr gefragt. Mehr noch, aus ihr wurde ein richtiger Profi. Wobei, wenn ich es bedenke, war ich das in meiner Zeit auch. Alles kam so, wie man es aus den Geschichten berühmter Models von heute kennt. Ich war in der Freiburger Innenstadt unterwegs, als mich auf einmal ein Mann ansprach. Ob ich ein paar Fotos machen wollte, fragte er. Nun hing ich in diesen Jahren nicht nur mit Punkern und Hausbesetzern ab, sondern war in der Kunstszene der Stadt aktiv – soweit es meine Arbeit in der Druckerei zuließ. Eigene Filme zu drehen war zu dieser Zeit die neueste Masche, was nicht überraschend war: Mit den kleinen Kameras, die es auf einmal gab und in die man nur noch eine Kassette stecken musste, um selbst drehen zu können, war das Filmemachen auf einmal demokratisch geworden. Bisher hatten es sich nur große Produktionen mit einem dicken Geldbeutel leisten können, Filme zu machen. Nun konnten auch Leute wie wir ein Drehbuch verfassen und es in den Straßen der Stadt, in Wohnungen und Kneipen realisieren. Genau das hatten wir mehrfach getan und waren dadurch in der Stadt bekannt geworden. Unsere Filme waren, was man heute »gegen den Strich gebürstet« nennt: unbequem, aber auch lustig, ziemlich chaotisch und auf jeden Fall völlig anders als die Sachen, die im Fernsehen liefen.

Sprach der Fotograf Wolfgang Deimling mich deshalb an? Ich weiß es nicht, und es spielt auch keine Rolle. Jedenfalls drückte er mir seine Visitenkarte in die Hand und meinte, ich solle einfach mal vorbeikommen. Sein Studio lag außerhalb der Stadt, und so verband ich meinen ersten Besuch mit einem kleinen Ausflug. Ich erwartete nicht viel. Doch erstens kommt es anders und zweitens, als man denkt: Bevor ich mich recht versah, steckte ich schon im Model-Geschäft. Denn Wolfgang Deimling merkte sofort, dass ich ein Allrounder war, den er für alle Arten der Werbefotografie einsetzen konnte.

»Du machst immer eine gute Figur«, sagte er, egal, ob ich Anzug und Krawatte trug oder salopp in Jeans daherkam. Er machte mit mir Modeaufnahmen, Werbefotos für Hometrainer oder Küchengeschirr. Meist musste ich dabei eine kleine Szene spielen, damit die Fotos lebensecht wirkten. Damals erkannte ich, dass ich durchaus Talent für die Schauspielerei hatte.

Eines Tages fragte er: »Kennst du eine junge Frau mit langen Beinen? Ich sollte Strumpfhosen fotografieren.«

Ob ich damals eine junge Frau mit langen Beinen kannte? Das dürfen Sie gern annehmen! Mir kam sofort meine Schwester Sabina in den Sinn. Sie war gleich groß wie ich und machte mit ihren 1,86 Metern richtig was her. Sabina war sofort Feuer und Flamme. Natürlich begleitete ich sie zu ihrem ersten Fotojob, schließlich war sie das Nesthäkchen unserer Familie. Anders als ich fand sie richtig Gefallen daran. Schon bald reiste sie durch die halbe Welt, wurde für exklusive Kosmetikmarken in Szene gesetzt und landete schließlich in der Stadt, wo sich der Nabel der Modewelt befindet: in New York. Dort lebte sie die nächsten siebzehn Jahre, entdeckte Yoga für sich – oder, wie sie es gern ausdrückt, Yoga entdeckte sie – und wurde zu einer Meisterin ihres Fachs.

Bei mir dagegen lief die Sache etwas anders: Solange fotografiert wurde, hatte ich Spaß. Doch das »Drumherum« gefiel mir gar nicht. Waren andere Models mit am Set, hatten wir uns wenig zu sagen. Während diese sich über Mode und Kosmetik unterhalten wollten oder ob noch ein Gläschen Champagner drin war, saß ich abseits in einer Ecke und las ein Buch. Auch in dieser Welt zeigte sich, dass ich lieber für mich allein und ein Außenseiter war, der nicht richtig dazugehörte. Noch war diese Branche nicht so überdreht, wie man das heute kennt, und doch wurde es mir zu viel. Dabei buchten mich immer mehr Fotografen, und bei allen gab es was zu staunen. Einer von ihnen hatte tatsächlich in seinem Atelier einen ausgewachsenen Güterwaggon stehen, der als Umkleidekabine diente. Doch der Reiz des Neuen verflog, und als ich den Zen-Mönch kennenlernte, verlor ich völlig das Interesse am Modeln.

Meine Schwester und ich sahen uns nur noch selten. Später, als sie für ihre Yoga-Ausbildung nach Indien reiste, war ich bereits in Japan im Kloster. Erst als ein guter Freund von uns beiden wegen einer HIV-Infektion im Sterben lag und sie mich bat, mich um ihn zu kümmern, trafen wir Weltenbummler wieder aufeinander. Die Begegnung mit diesem Freund wurde dann auch meine erste Sterbebegleitung.

Zurückblickend bin ich froh über jede Erfahrung, die ich sammeln durfte. Doch ich sehe kritisch, was in unseren Tagen daraus geworden ist: Immer sollen wir noch schöner, noch stärker, noch gesünder und noch funktionaler sein. Viele Menschen leiden oder zerbrechen sogar an diesem Selbstoptimierungsstress, der ja nur ausdrückt: Du bist nicht gut genug. Selbst die Kirche unterliegt dieser falschen Sichtweise.

Es ist die Zeit von Mariä Lichtmess, während ich diese Zeilen schreibe. Lichtmess geht auf uralte Rituale zurück: Einst war es eines von vier Mondfesten unserer Vorfahren und wurde »Imbolc« genannte. Das Wort stammt aus dem Altirischen und bedeutet »Rundum-Waschung«; es deutet also ein Reinigungsfest an. In der katholischen Kirche ist es auch der Tag, an dem Kerzen geweiht werden, denn es kommt wieder Licht ins Leben nach der langen dunklen Zeit des Winters. Hier und da tauchen schon die ersten zarten Frühlingsboten auf: Im Schwarzwald, aber auch anderswo, werden Schneeglöckchen auch Lichtmess-Glöckchen genannt.

An Mariä Lichtmess erhalten wir Eremiten immer eine Botschaft unserer Mutterkirche. Dieses Mal verkündete sie, dass an Lichtmess der »Tag des geweihten Lebens« gefeiert wird, und mir stellte sich sofort die provokante Frage: *Gibt es auch ungeweihtes Leben?*

Mit geweihtem Leben sind nur die Menschen gemeint, die eine Weihe als Priester oder Diakon erhielten, oder Ordensleute mit der Profess, dem feierlichen kirchlichen Versprechen, das eigene Leben Gott zu weihen. So weit, so gut. Für mich ist es jedoch missverständlich, im Gegensatz dazu von ungeweihtem Leben zu sprechen. Denn jedes menschliche Leben hat seine Würde und seinen Wert, da wir von Gott als sein Abbild geschaffen wurden, so wie es in der Schöpfungsgeschichte der Bibel steht. Das darf mit der Einteilung in geweihtes und ungeweihtes Leben nicht geschmälert werden. Wir genügen vor Gott, jeder von uns genügt vor Gott. Weder der Zwang zur Selbstoptimierung noch das Label »geweihtes Leben« kann daran etwas ändern.

Ehrlich gesagt war ich heute froh darüber, dass wir Eremiten innerhalb der katholischen Kirche gar nicht zu den Geweihten zählen. Mir ist es lieber, Gott sieht mich so, wie ich bin – und nicht, wie ich in den Augen anderer sein soll.

Wie wird man eigentlich Eremit?

Ich werde immer wieder gefragt, wie man Eremit wird und wie ich es schaffe, in dieser lauten, aufgeregten Welt zurückgezogen zu leben. Ich war sehr lange ein Teil dieser lauten, aufgeregten Welt und habe immer wieder versucht, in meinem Beruf als Drucker Fuß zu fassen. So war es nach meiner Rückkehr aus Japan und nachdem sich der Lazarus-Orden aufgelöst hatte, in den ich mit so viel Hoffnung eingetreten war.

Damals kam ich von meinem Pilgerweg Richtung Santiago de Compostela zurück, ohne die Stadt je erreicht zu haben. Vielleicht war das sogar ein Sinnbild für meine persönliche Situation. Unterwegs wurde mir klar, dass Santiago nicht mein eigentliches Ziel war – aber in meinem Leben wollte sich kein anderes Ziel am Horizont abzeichnen.

Glauben Sie mir, in diesen Jahren betete ich oft darum, ein göttliches Zeichen zu erhalten. Hatte ich nicht schon so viel dafür getan? Ich hatte als Zen-Mönch gelebt und war durch die harte Sōtō-Schule gegangen. Ich hatte mich im Lazarus-Orden in den Dienst der Menschlichkeit gestellt. Ich war als Pilger unterwegs gewesen. Hatte ich es deshalb nicht verdient, dass Gott mir einen Hinweis gab? Ich hörte doch immer wieder, dass andere, die viel weniger auf sich genommen hatten, eine Vision und eine klare Lebensaufgabe erhielten. Warum nicht ich?

Ich lasse Sie an meinen großen Zweifeln in dieser Zeit teilhaben, weil diese einen wichtigen Teil meines Lebensweges ausmachen. Das wurde mir aber erst später bewusst, und deshalb möchte Ihnen etwas ans Herz legen: Zürnen Sie nicht, wenn Sie sich in einer Situation befinden, in der Sie an Gott und an Jesus zweifeln. Der Tag wird kommen, an dem Sie erkennen, wie wichtig diese Prüfungen waren.

Inzwischen bin ich aber dort angekommen, wo ich hingehöre, und kann aus ganzem Herzen sagen, dass das

Leben als Eremit für mich wie geschaffen ist. Damals wäre ich dazu noch gar nicht bereit gewesen, und so musste ich erst weitere Erfahrungen sammeln, um den Ratsuchenden, die heute zu mir kommen, die richtigen Antworten auf ihre Fragen geben zu können.

Nach der Auflösung des Lazarus-Ordens fand ich mich in einer ganz ähnlichen Situation wieder wie damals nach meiner Rückkehr nach Deutschland. Was sollte ich nun tun? Wohin mich wenden? Sollte ich einfach wieder dem Zufall folgen und mit dem Finger auf eine Karte tippen?

Dieses Mal ließ ich mich von meinem Wunsch leiten. Die Berge hatten es mir schon immer angetan, daher wandte ich mich in Richtung Süden und entschied mich für das Allgäu. In der Gegend rund um Kempten, Pfronten und Nesselwang wollte ich einen Neuanfang wagen. Ich vertraute darauf, dass ich als gelernter Drucker irgendwo Arbeit finden würde. Außerdem war mir materieller Wohlstand unwichtig.

Anfangs ging auch alles gut. Ich fand eine schöne Wohnung und machte mich sogar selbstständig. Auch wenn die Druckerbranche durch die Digitalisierung einem konstanten Wandel unterzogen war, liefen meine Geschäfte glänzend, denn sauberes Handwerk war gefragt wie eh und je. Ich hätte also glücklich sein können – nein: Ich hätte glücklich sein *müssen!* Haben wir nicht unser ganzes Dasein ausgerichtet auf einen guten Job, der gutes Geld bringt für ein gutes Leben?

Deutschland ist ein sehr reiches Land, und es mangelt an kaum etwas. Wäre Wirtschaftskraft die Währung fürs

Glücklichsein, müssten wir in der Hitparade der glücklichsten Länder ganz oben stehen. Das tun wir aber nicht. Im sogenannten »World Happiness Report«, der von den Vereinten Nationen veröffentlicht wird, stehen Finnland, Island und Dänemark auf den vorderen Rängen. Und in Buthan, einem kleinen Land im Himalaja, dem Nachbarstaat von Tibet, gibt es ein Glücksministerium. Es hat sich um das in der Verfassung verankerte Bruttonationalglück zu kümmern. In Buthans Verfassung steht viel über eine sozial gerechte Wirtschaftsentwicklung und dass sich das Land für alle Zeiten dazu verpflichtet hat, sechzig Prozent seiner Fläche als Wälder zu bewahren. Auf dem Weg nach Tibet war ich einmal in Buthan, und tatsächlich trifft man dort viele Menschen mit einem Lächeln auf dem Gesicht, obwohl sie viel ärmer sind als wir und ihnen der mächtige chinesische Nachbar das Leben nicht leicht macht.

Im Allgäu retteten mich die Berge und die Natur vor dem seelischen Verkümmern. Das viele Geld, das ich verdiente, und die schönen Sachen, die ich mir davon leisten konnte, trugen nicht dazu bei. Mir ging es von Tag zu Tag schlechter. Wieder versuchte ich es mit Kloster auf Zeit. Dort traf ich einmal einen Pfarrer, dem ich mein Leid klagte. Was er mir sagte, veränderte mein Leben. Er wurde zu meinem Mentor, denn er sparte nicht mit Kritik an mir.

Mentoren begegnen uns in Sagen und Märchen oft als weise Frauen oder als alte lebenskluge Männer. Und in der Bibel findet Jesus einen Mentor in Johannes dem Täufer. Jesus selbst ist später Mentor für seine Apostel.

Da habe ich so eine schöne Kapelle, und sitze doch am liebsten draußen an der frischen Luft.

Ich kann stundenlang über die Höhen des Schwarzwalds blicken und über das göttliche Wunder staunen.

In den letzten Strahlen der Abendsonne auf einer Streuobstwiese unterhalb meiner Klause.

Mancher Besucher ist nicht darauf gefasst, auf einen Eremiten zu treffen.

Heute würde man sagen: Ich bin 24/7 für Euch da.

Einen grünen Daumen habe ich schon: Für Kräuter und für alles Wildwachsende.

Es gab eine Zeit in meinem Leben, da habe ich mich fast ausschließlich von Kräutern ernährt.

Für mich ist es nicht Bibel-Studium, sondern Lesen in einem Buch mit vielen Antworten und einigen offenen Fragen.

Ich nenne es das Buch der Überraschungen. Lassen Sie sich auch mal wieder überraschen.

Der Eingang zur Kapelle. In der es so wunderbar klingt, dass sie zum Musizieren einlädt.

Wie Don Camillo führe ich Gespräche mit Jesus. Und wie Don Camillo schmecken mir die Antworten nicht immer.

Ich kann versichern: Jesus ist ein wunderbarer Gesprächspartner. Mit mehr Humor, als man ihm in der Bibel zugesteht.

Als Eremit brauche ich nicht viel zum Leben: Meine Kutte. Einen Gürtel, der sie zusammenhält. Und viel Zeit, um für meine Mitmenschen da zu sein.

Die Frage lautet immer: »Sind Sie einsam?« Die Antwort lautet immer: »Niemals«.

Wie der Heilige Franziskus spreche ich mit den Pflanzen. Sie sind lebende Geschöpfe Gottes.

Braucht es mehr, um das Wunder der Schöpfung zu ehren?

Meine Klause, wenn der Herbst naht.

Das ist meine 3-Sterne-Küche. Sie sind gerne eingeladen!

Schmeckt mir nicht, gibt´s bei mir nicht!

An meine Klause klopfen viele Menschen, die Rat brauchen. Das kostet auch Kraft.

Meine Abende sind ruhig, und ich liebe das.

Klostergang im japanischen Zen Kloster.

Als Zen-Mönch kurz nach meinen Aufenthalt in Japan. Anschließend ging ich ins Franziskanerkloster.

Bei den Franziskanern im Noviziat in Nürnberg.

Ein Nomade steckt immer in mir: Hier mache ich mich auf den Weg nach Santiago de Compostella

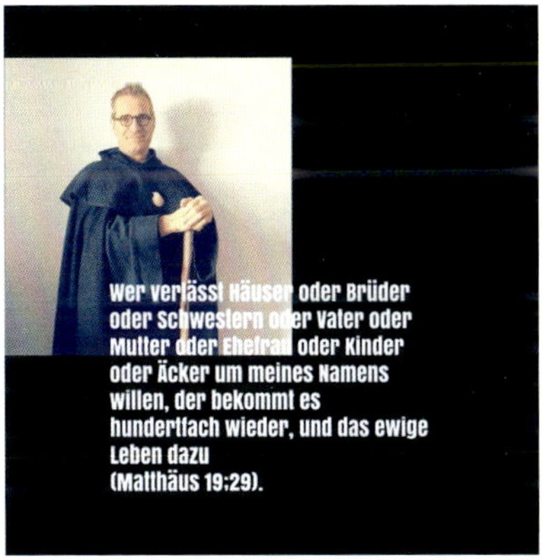

Fasten gerne, aber mit Freude: Für solche Posts bekomme ich in den Sozialen Medien enorm viel Zuspruch.

Die vielleicht wichtigste Botschaft: Jesus lebt.

Wissen Sie was? Lächeln Sie, und
Ihr Gegenüber wird auch lächeln.

Ein Mentor weiß nicht nur Rat, wenn wir nicht weiterwissen, sondern er findet auch die richtige Ansprache. Manche Menschen brauchen Streicheleinheiten, um motiviert zu werden. Andere brauchen eine Standpauke – und so war es auch bei mir.

»Als du in den Lazarus-Orden eingetreten bist, hast du ein Gelübde abgelegt«, wetterte der Allgäuer Pfarrer. »Und jetzt läufst du da draußen rum, stellst dein Leben in den Dienst von Mammon und Wirtschaft und glaubst auch noch, du seist auf dem richtigen Weg? Du bist auf dem Holzweg! Als Schwarzwälder solltest du wissen, was das bedeutet!«

Rumms, das saß! Mit dieser Standpauke wurde eine Saat gelegt, die Früchte tragen sollte. Zunächst mal fuhr ich aber recht verdattert nach Hause, und vielleicht war ich sogar ein bisschen ärgerlich, denn wer kriegt schon gern die Leviten gelesen?

Doch einen guten Mentor schert das nicht. Er sagt, was gesagt werden muss, und tut, was getan werden muss, um seinen Schützling auf die rechte Spur zu bringen. Allerdings kann er nur die Tür zeigen, durchgehen müssen wir schon selbst. Diese Grundregel gilt für alle Lebensbereiche. So können wir Alkohol- oder Drogenabhängige nur auf das Angebot aufmerksam machen, das ihnen helfen kann. Den Rettungsanker müssen sie aber selbst ergreifen. Niemand kann Abhängige zu einem nachhaltigen Entzug zwingen.

Auch hier gilt das oberste göttliche Prinzip unserer Entscheidungsfreiheit – es mag uns manchmal schwerfallen, doch wir sind selbst unseres Glückes Schmied. Und wenn wir uns in unseren Entscheidungen verheddern, ist es wunderbar, wenn ein Mentor auftaucht, der zuhört und Rat weiß.

Und dieser Mentor hatte neben der Standpauke auch noch einen guten Rat für mich parat in Form eines Namens und einer Adresse. »Geh da mal vorbei«, riet er mir. Was für ein Glück, dass er das sagte! Ein Mentor verwies mich an den nächsten. Ich wusste es nicht, doch von diesem Tag an sollte ich mich in Siebenmeilenstiefeln meinem Ziel nähern, das ich bis dahin noch nicht einmal gekannt hatte.

Exkurs über ein Geheimnis

Lassen Sie mich an dieser Stelle einige Worte über das Thema »Gelübde« verlieren. Und erlauben Sie mir, Sie in ein uraltes Geheimnis einzuweihen, das aber im Grunde genommen keines ist, schließlich steht es so geschrieben: »Im Anfang war das Wort«, lesen wir im Johannes-Evangelium, und danach folgen kraftvolle und gleichzeitig rätselhafte Sätze: »Alles ist durch das Wort geworden / und ohne das Wort wurde nichts, was geworden ist.«

Nehmen Sie das gern wörtlich. »Alles ist durch das Wort geworden« bedeutet: Materie ist durch das Wort entstanden. Und was ist ein Wort? Jedes Wort, das Sie aussprechen, hat eine bestimmte Frequenz – alles, was wir sagen, singen, reden, schreien, brüllen oder flüstern, sorgt für Schwingung, die wir mit einem elektronischen Gerät wie dem Oszilloskop sichtbar machen können.

Nun gibt es in anderen Kulturen Bücher, die weitaus älter sind als die Bibel. Zum Beispiel die indischen Veden, die heiligen Schriften des Hinduismus. Die ersten Aufzeichnungen wurden ab 1200 v. Chr. verfasst. Zum Kanon der Veden gehören die Upanishaden. Darin wird der transzendente Urklang erwähnt, aus dessen Schwingungen das Universum entstanden ist. Im Gayatri-Mantra, das über dreitausend Jahre alt ist, wird dieser Klang in Worte gefasst: »OM BHUR BHUVAH SWAH« heißt so viel wie: »OM, Erde, Luftraum, Himmel«.

Und was genau ist mit der heiligen Silbe OM gemeint? Im alten Indien repräsentiert der Laut oder Klang das Alles-Existierende. Ausgesprochen wird er nicht mit einem glatten O, wie in meinem Namen Otto, sondern A-U wie in »Auto«. Uns Deutschen fällt das leicht und den Schwaben ganz besonders. In der indischen Vorstellung steht das A für die Entstehung der Erde, das U für die Mitte, und das M für das Ende.

Und hier kommt das versprochene Geheimnis: Albert Einstein konnte nachweisen, dass Schwingung und Materie dieselbe Erscheinungsform haben, und formulierte daraus seine Relativitätstheorie. Nichts gegen seine Genialität, doch bei den alten Indern war das längst bekannt. Sie nannten es das »Namarupa-Prinzip«, das beschreibt, wie aus freier Schwingung Materie und Form entstehen.

Ich gebe Ihnen dazu ein praktisches Beispiel. Im Augenblick sitze ich am Schreibtisch, und in meinem Zimmer herrschen 16° Celsius. Draußen regnet es, und deshalb ist es in meinem Zimmer recht feucht. Doch ich kann diese Feuchtigkeit in Form von Wasserdampf in der Luft nicht sehen. Denn die Wassermoleküle darin schwingen sehr schnell und haben damit ein hohes Energieniveau. Angenommen, mein Zimmer kühlt ab, dann kondensiert der Wasserdampf und schlägt sich an den Scheiben nieder: Jetzt kann ich ihn in Form von Wassertropfen wahrnehmen. Die Wassermoleküle schwingen nicht mehr so schnell, und die Materie des Wassers wird fester. Wird es noch kälter, entstehen Eisblumen am Fenster – jetzt kann ich das Wasser nicht nur sehen, sondern sogar anfassen. Nun schwingen die Moleküle darin langsam. Auf diese Weise wird aus unsichtbarer Materie sichtbare Materie.

Und was hat das alles mit dem Mantra OM und mit meinem Gelübde zu tun? Das Wort »Mantra« stammt aus dem Sanskrit und bedeutet »das, was über das Denken hinausgeht«. Mantras werden daher nicht gedacht, sondern gesprochen oder, noch besser, getönt. Durch das Tönen wird die Schwingung des Mantras unterstützt. Beim OM – durch Tönen klingt es nach einem sehr gutturalen A-U-M – werden die Entstehung der Welt, ihr Vorhandensein und ihr Ende ausgedrückt. Das Mantra schafft also Materie. Damit sind wir wieder am Anfang unseres Exkurses angelangt: »Im Anfang war das Wort«, heißt es in der Bibel, im Evangelium nach Johannes, und daraus entstand alles, was uns umgibt.

Wenn Mantren derart mächtig sind, dass sie Materie erschaffen können, was geschieht dann, wenn wir eines aussprechen? Wenn wir es wiederholen, wenn wir ganz mit dem Herzen dabei sind? Nach der Bibel entsteht dann Wirklichkeit. Deshalb beten wir ja auch. Weil wir uns wünschen, dass aus dem Gebet Wirklichkeit entsteht. »Unser tägliches Brot gib uns heute« beten wir, weil wir uns wünschen, dass aus dem gesprochenen Wort tatsächlich Brot wird. Wir glauben daran, sonst würden wir es nicht zu tun, oder?

Damit kommen wir zum Gelübde zurück. Als ich es ablegte, entstand aus meinen Worten Wirklichkeit. Doch der Orden löste sich auf, und ich versuchte, im zivilen Leben Fuß zu fassen, obwohl die Wirklichkeit meines Gelübdes weiterhin existierte. So etwas kann nicht klappen. Genau das hat mein Mentor messerscharf erkannt.

Was können wir nun aus diesem Geheimnis lernen? Wir sollten uns immer sehr gut darüber im Klaren sein, worum wir bitten und ob wir auch dafür bereit sind, wenn unsere Bitte Realität wird. Denn aus den Worten entsteht Materie, und wir erhalten, was wir uns wünschen. Das wollen wir positiv nutzen.

Das Tönen des OM verschafft uns tiefe Ruhe und Entspannung. Und es ist einfach. In meiner Zeit in Tibet habe ich es bei den Rotmützen-Mönchen vernommen, deren Gast ich war.

Setzen Sie sich bequem hin, oder gehen Sie herum und tönen dabei das OM. Es geht dabei nicht um wohltönendes Singen. Dehnen Sie die Vokale AAAAA-UUUU-UMMMM, und genießen Sie den Summton, der aus dem M entsteht und uns in der Nase kitzelt. Dann holen Sie Atem, und es geht von Neuem los. Verbinden Sie das Mantra mit Ihrem Herzenswunsch. Stellen Sie sich beim Tönen vor, dieser Wunsch sei schon erfüllt. Erfreuen Sie sich an dem guten Gefühl, das dabei entsteht! Damit schaffen Sie die besten Voraussetzungen, dass Ihr Wunsch auch in Erfüllung geht.

Ist ein Eremit einsam?

Eremit zu sein ist ganz einfach, oder? Man geht nicht mehr unter die Leute, schaltet Fernseher, Radio und Internet ab und, klar, das Handy, falls man überhaupt noch eines hat. Man liest keine Zeitung mehr und verbringt seine Tage … ja, wie eigentlich? Dazu kommt: Wo gibt es in Deutschland noch Einsamkeit? Selbst im tiefsten Bayerischen Wald ist der nächste gut ausgebaute Holzabfuhrweg nur wenige Kilometer weit entfernt, egal, wo man sich gerade befindet. Als ob das nicht reicht, gilt für uns Eremiten eine eiserne Regel: Jeder von uns ist verpflichtet, für sich selbst zu sorgen. Mit anderen Worten: Wir brauchen einen Beruf.

Dass das Leben als Eremit nicht so einfach ist, leuchtet also ein. Die Wüstenväter, die Höhlenbewohner im Himalaja, die Menschen, die zurückgezogen in der Taiga leben, in den Weiten Kanadas oder in Alaska, kommen uns als Erstes in den Sinn, wenn wir von Einsiedlern sprechen. Und sofort stellen sich viele Fragen: Welche Tugenden braucht man? Welches Handwerk bietet sich an? Wie kommen wir mit uns selbst aus? Wo liegt der Unterschied zwischen einem Eremiten und einem vereinsamten Menschen?

Der Deutsche Bundestag wollte mehr über die Einsamkeit der Bundesbürger wissen und gab eine Umfrage in Auftrag. Das Ergebnis: Ein Drittel aller Deutschen fühlt sich immer wieder einsam, siebzehn Prozent gaben an, sich ständig einsam zu fühlen. Das ist eine erschreckende Zahl, denn viele haben sich dieses Schicksal nicht ausgesucht. Corona hat das alles noch verstärkt.

Ein Eremit dagegen fühlt sich nicht einsam. Ich fühle mich niemals einsam! Ich bin ja auch nicht allein – und damit meine ich nicht die Besucher, Pilger und Gäste, die sich in meiner Klause einstellen. Ich bin mit Gott zusammen. Ich bin mit Jesus zusammen. Ich bin mit den Engeln zusammen. Ich kann Ihnen versichern, hier herrscht ganz schön Betrieb. Mehrmals am Tag gehe ich hinüber in die Kapelle. Dort spreche ich mit Gott. Ich kann das auch hier tun, am Schreibtisch, an dem ich gerade sitze. Doch ich gehe dazu lieber in die Kapelle. Das ist wie zum Stammtisch gehen, nur sind unsere Themen etwas anders, und Gott ist nie polemisch.

Ein Suchender mit viel Disziplin

Wenn das Eremitenleben nicht gar so einfach ist, können wir es dann erlernen? O ja, das ist möglich, und das war auch bei mir nicht anders. Mein Eremiten-»Ausbilder«, wenn ich ihn so bezeichnen darf, war mein Altvater, also der Vorsitzende des Klausnervereins. Er wurde für mich zu einem ganz besonders wichtigen Menschen, der mich mit seiner Weltoffenheit und Lebenserfahrung beeindruckte. In den Siebziger- und Achtzigerjahren hatte er für die Vereinten Nationen als Flüchtlingshelfer in Afrika, Asien und Südamerika gearbeitet. Auch in der Versorgung von Lepra-Kranken kannte er sich aus. Durch ihn kam ich nach Frauenbründl in der Nähe von Bad Abbach. Dort gibt es nicht nur die Wallfahrtskirche aus dem Jahr 1721, sondern auch eine Klause, die schon zwanzig Jahre früher errichtet wurde, sowie eine Quelle, der man besondere Heilkräfte nachsagt. Wer sich damit wusch, so die Überlieferung, wurde von der Pest geheilt. Die Quelle speist das Frauenbründlbacherl, wie die Einheimischen den Wasserlauf nennen, der sich durch die liebliche Landschaft mit Wäldern und Blumenwiesen schlängelt. Am Ufer wachsen Heilpflanzen wie Mädesüß, Minze und Weißdorn – für mich als Kräuter-Liebhaber ein einziges Paradies!

Seit mehr als dreihundert Jahren hat die Kongregation der Eremiten in Frauenbründl ihren Sitz. Natürlich wurde auch dieser Ort 1804 säkularisiert, doch schon bald konnte ein Klausner das Anwesen vom bayerischen Staat zurückkaufen, was für uns Eremiten ein Glücksfall war. Daraus entstand der »Klausnerverein«, in dem unsere Mitglieder organisiert sind. Manche von ihnen leben wie ich in Traditionsklausen mit einer kleinen Kirche und einem Wohnhaus. Andere leben anonym in der Stadt.

Und einige von uns leben versteckt in den Bergen oder im Wald. Jeder muss für sich selbst sorgen.

So war es auch bei meinem Altvater. Als ich ihn das erste Mal aufsuchte, arbeitete er als Priester in der Krankenhausseelsorge und übte das Amt des Altvaters aus. Bei ihm lernte ich nicht nur, was es heißt, Eremit zu sein. Ich bekam auch gleich den Widerspruch zwischen »einsam leben« und »ordentlicher Trubel rund um die Klause« zu spüren, denn mein Altvater hatte ganz sprichwörtlich alle Hände voll zu tun. Als Seelsorger betreute er die Menschen in der Umgebung, las die Messe und nahm Beichten ab. Dazu hielt er die Klause in Schuss, renovierte und sanierte. Dann kümmerte er sich um das Organisatorische des Klausnervereins, und das ist, wie in jedem anderen Verein, mit einer Menge Büroarbeit verbunden. Und als ob das alles noch nicht genug wäre, kamen natürlich jede Menge Besucher zur Kapelle mit dem berühmten Heilwasser. Nicht zu vergessen: Als Franziskaner hielt er auch die Ordensregeln ein. Dazu gehört um sechs Uhr die Prim, dann kommen die kleinen Horen, die Terz um neun Uhr, die Sext um zwölf Uhr, die Non um drei Uhr, dazwischen vielleicht auch die eine oder andere Schweigemeditation. Das war also meine erste Lektion als künftiger Klausner: Disziplin ist das Zauberwort!

»Die Leute meinen immer, in so einer Klause zu leben, ist Gottesdienst, Andacht und Halleluja singen«, diktierte mein Altvater einmal einem Journalisten der »Süddeutschen Zeitung« in den Block, als dieser wissen wollte, wie es sich denn als Eremit so lebt im 21. Jahrhundert. Und dann sagte er einen wichtigen Satz, der auch mein Leben bestimmt: »Es geht um die Suche nach Gott – in der Einsamkeit biete ich ihm meine Seele dar.«

Besser lässt es sich nicht ausdrücken. Auch ich bin ein Suchender, war es schon immer und werde es wohl auch immer bleiben. Mit dem Suchen kommen die Zweifel, kommen die Fragen, doch manchmal kommen auch Antworten. Deshalb ist das Eremitenleben mit einem Weg vergleichbar, auch wenn der Eremit sich von seiner Klause nur selten wegbewegt. Die innere Reise ist dagegen lang und kurvenreich, mit vielen Höhen und Tiefen.

Von meinem Altvater lernte ich, wie die Kirche uns betrachtet. Da gab es durchaus einiges zu staunen für mich, wie zum Beispiel zur Frage des Zölibats, der momentan wieder in die Diskussion gerückt ist.

Auch im japanischen Kloster lebten wir zölibatär, weil es dadurch einfacher ist, die nötige Disziplin zu bewahren. Doch das kann sich im Laufe eines Lebens für den Zen-Mönch auch wieder ändern. Ein Rōshi im Zen-Buddhismus ist nicht nur ein erfahrener Lehrer, sondern auch der Leiter eines Klosters. Irgendwann ist er so weit fortgeschritten in seiner persönlichen Entwicklung, dass es nicht mehr darauf ankommt, zölibatär im Kloster zu leben. Erfahrene Rōshis verlassen das Kloster und gründen eine Familie. Das ist ein gut funktionierendes System, weil die eigene Entscheidung über einem »von oben« verordneten Zwang steht.

Nun erfuhr ich bei meinem Altvater, dass die asketisch lebenden Eremiten zwar bei den Menschen hoch angesehen sind, bei vielen kirchlichen Amtsträgern dagegen nicht. Noch im 4. Jahrhundert waren viele Bischöfe verheiratet und lebten oft in Saus und Braus. Dagegen stand die Lebensweise und Glaubwürdigkeit der Eremiten, was zu einer Konkurrenzsituation führte. Die Anfänge des Zölibats liegen zum Teil in dieser Zeit, in der Amtsträger die Ehelosigkeit der Asketen übernahmen. Dazu kam, dass die Eremiten sich auch keiner monastischen Gemeinschaft anschließen wollten. Und als ob das nicht reichte in Sachen Konkurrenz, führten sie oftmals ein so asketisches Leben, dass kaum einer mithalten konnte.

Nehmen wir nur mal Simeon, den vielleicht bekanntesten Heiligen, der zum Zeichen seiner Askese auf einer Säule wohnte. Vorher lebte er in einem Kloster derart asketisch, dass der Abt ihn aufforderte, den Ort zu verlassen.

Diese Konkurrenz zwischen Amtskirche und Eremiten zieht sich durch die Jahrhunderte. 1917 bestimmte die Kirche aber, dass asketisches Leben als gemeinschaftliches Leben zu verstehen sei, und damit wurde ein Schlussstrich unter den Sonderweg der Eremiten gezogen. Und im neuen kirchlichen Gesetzbuch von 1983 wurde nochmals peinlich genau zwischen Eremiten eines Ordens und einer Diözese unterschieden. Letztere werden nicht durch ein Kloster versorgt, sondern verdienen sich ihren Lebensunterhalt selbst.

Das war die nächste wichtige Lektion, die ich lernte: Wenn ich Eremit sein wollte, durfte ich mich selbst darum kümmern, wie ich über die Runden komme. Diese Vorstellung gefiel mir. Ich wollte niemandem auf der Tasche liegen, auch nicht einem Kloster. Für »Eremiten-Anwärter« kann das allerdings den Knackpunkt bedeuten, wenn sie es nicht schaffen, das Eremitenleben mit einem Beruf zu vereinbaren.

Und dann ist da ja noch immer die Sache mit der Einsamkeit. Auch darüber belehrte mich mein Altvater, auch wenn er wusste, dass ich als ehemaliger Zen-Mönch die besten Voraussetzungen mitbrachte. Er erzählte mir, wie der Wüstenvater Antonius gegen seine inneren Dämonen ankämpfen musste, was wir heute als Existenzsorgen und Versagensängste interpretieren würden. Damit muss sich jeder Eremit auseinandersetzen – und auch das ist ein Weg, der nie zu Ende ist.

Als ich im Herbst 2021 schwer an COVID erkrankte, während schwere Stürme meine Klause von der Außenwelt abgeschnitten hatten, lag ich tagelang todkrank darnieder, ohne dass irgendjemand etwas davon wusste. Gleichzeitig hatte ich einen schweren Bandscheibenvorfall und konnte mich nicht rühren. Glauben Sie mir, trotz meiner Erfahrungen als Zen-Mönch und als Eremit wurde das zu einer extremen Auseinandersetzung mit all meinen Zweifeln und Ängsten – oder eben mit den inneren Dämonen, die jeder von uns kennt.

Mein Altvater gab mir eine weitere wichtige Sache mit auf dem Weg: dass wir Eremiten den Menschen die Gewissheit vermitteln können, dass in jedem von uns etwas Göttliches vorhanden ist, das nicht mit der Zugehörigkeit zu einer Religion verknüpft ist. Das war natürlich Wasser auf meinen Mühlen, denn ich war noch nie der Meinung gewesen, dass Hunderte Millionen Mitglieder einer Religion recht haben und Hunderte Millionen Mitglieder einer anderen Religion zwangsläufig falschliegen. Deshalb kann ich heute fröhlich Christentum und Zen-Buddhismus vereinen – und wenn ich das OM töne, kommt der Hinduismus mit dazu.

Meine Klausen

Nachdem klar war, dass ich zum Klausnerverein passte und der Klausnerverein zu mir, war der erste Schritt ins Eremitenleben getan. Von einer Klause war ich zwar noch weit entfernt, doch hielt ich bereits die Augen auf. Ich zog nach Pfronten im Allgäu und lebte dort im Mesnerhaus in einem kleinen Zimmer, während ich eine Ausbildung zum Altenpfleger absolvierte. Mir war in den langen Gesprächen mit meinem Altvater klar geworden, dass ich mein Geld im Pflegedienst verdienen wollte; dazu fühlte ich mich berufen.

Kaum hatte ich die Ausbildung abgeschlossen, fand ich eine erste Klause im Hegau, in der Nähe des Bodensees. Später zog ich in eine Klause in Niederbayern, wo ich allerdings keine Anstellung im Pflegedienst fand.

Doch das Schicksal meinte es gut mit mir: Ich erhielt die Nachricht, dass im Mittleren Schwarzwald eine Klause frei geworden sei, und zwar in Wolfach. Ich erfuhr, dass es dort auf einem Berghang südlich des Flusses Kinzig eine Jakobuskapelle mit Klause gebe, deren Geschichte fast tausend Jahre zurückreichte. Die Kapelle war 1664 eingeweiht worden und stand auf den Fundamenten unzähliger Vorgängerkapellen. Das klang spannend und vielversprechend! Dazu kam, dass Wolfach rund 40 Kilometer von meinem Geburtsort Vöhrenbach entfernt liegt. Das ist zwar nicht die allernächste Nachbarschaft, doch für mich, der viele Jahre als Pilger durch die Welt gezogen war, fühlte es sich wie die Rückkehr in meine Heimat an.

Wolfach gehört zum Mittleren Schwarzwald, der lieblicher und lichter ist als der Nordschwarzwald, in dem ich aufgewachsen bin. Genauso wurde es mir ums Herz, als ich zum ersten Mal vor Ort war: lieblich und licht. Und daran hat sich bis heute nichts geändert.

5. BIG IN JAPAN

Dass eine deutsche Band einen Welthit landet, kommt nicht oft vor. Auch in den Tagen, als ich in Freiburg eifriger Besucher aller möglichen Musikklubs war, hörten wir vor allem Songs aus den USA und aus England. Doch 1984 kam plötzlich »Big in Japan« daher, ein Ohrwurm der Band »Alphaville« aus Münster, von der ich damals nur wusste, dass sie wie Freiburg eine lebhafte Studentenszene hatte. »Big in Japan« könnte man mit »Erfolgreich in Japan« übersetzen. Ein befreundeter Profi-Musiker erklärte mir, was Marian Gold, der das Lied komponiert hatte, damit meinte: »Wir spielen doch alle für einen Appel und ein Ei. Mit der Musik verdient keiner was von uns. Alle wissen, dass niemand den großen Erfolg kennt. Was du aber immer sagen kannst: Wenn wir in Japan spielen, sind die Hallen brechend voll.«

Das war in den Zeiten vor dem Internet, wo Japan für uns noch so weit weg war, dass eine derartige Behauptung nicht einfach als »Fake News« auszumachen war. Im Liedtext wurde von einem jungen Paar erzählt, das durch Drogen auf die schiefe Bahn geriet und sein Leben wieder in Ordnung bringen wollte. So gesehen war der Song »Big in Japan« wie für mich gemacht. Ich war zwar nicht auf die schiefe Bahn geraten, doch wer weiß, was in Freiburg noch alles passiert wäre, hätte ich nicht den Zen-Mönch kennengelernt. Jedenfalls spürte ich eine große Sehnsucht nach Klarheit in meinem Kopf und nach Reinheit in meinem Körper.

In den Unterhaltungen mit dem Zen-Mönch fiel immer wieder das Stichwort »Japan«. Ob ich nicht dorthin reisen wollte, um sein Kloster zu besuchen? Würde einem heute jemand diese Frage stellen, wäre das Handy schnell gezückt. In wenigen Minuten wüssten wir Bescheid, was ein Flug nach Japan kostet, wo dieses Kloster liegt, wie man vom Flughafen hinkommt, und auch die erste Übernachtung vor Ort würden wir mit ein, zwei Mausklicks buchen. Das alles war damals noch nicht möglich, und wie die meisten Menschen wusste ich recht wenig über Japan. Doch da war etwas wie eine Art magnetische Anziehungskraft. Ich war mir einfach absolut sicher, dass ich in diesem fremden Land nicht verloren gehen würde. Es gab zwar keinen Grund für diese Zuversicht, doch das spielte keine Rolle.

Und so suchte ich eines Tages nach der Arbeit ein Reisebüro auf, das sich auf die alternative Szene spezialisiert hatte. Dort war man es gewohnt, dass junge Leute mit langen Haaren und Jesus-Latschen an den Füßen, in einen dicken Parka gehüllt und mit einer Jute-Umhängetasche – ganz im Stil dieser Zeit – hereingeschneit kamen, weil sie nach Poona in Indien wollten, wo Bhagwan bis Anfang der Achtzigerjahre seinen Ashram hatte. Auch

Reisen ins sagenumwobene alte Ladakh im westlichen Himalaja waren gefragt. Sogar Afghanistan stand bis zum Einmarsch der Sowjets als Reiseziel hoch im Kurs. Nach Japan wollte kaum jemand. Das ließ mich der Inhaber des Ladens, der die gleichen Klamotten trug wie seine Kunden, auch gleich wissen: »Das ist ein superteurer Flug. Wie wäre es stattdessen mit Indien? Bhagwan ist zwar nicht mehr da, aber die Party ist noch nicht vorbei.«

Ich war weder an Indien noch an Partys interessiert. Der Flug kostete mich tatsächlich ein Vermögen, doch ich war bereit, mein Erspartes hinzublättern. Nachdem die Würfel gefallen waren – Japan, ich komme! –, war es mir egal, dass ich nach der Bezahlung nur noch Geld für die ersten zwei Tage übrig hatte. *Irgendwie kommst du schon durch,* sagte ich mir. Ich ging in meine WG zurück, hielt jedem das Flugticket unter die Nase und kündigte an, dass ich in vierzehn Tagen wieder auf der Matte stehen würde, als neuer Mensch, reich an Erfahrungen. Aber wie heißt es so schön? »Der Mensch plant, und Gott lacht.«

Exkurs über Gedichte

Begleiten Sie mich auf einen Zeitsprung? Wir befinden uns ein paar Jahre später wieder in Deutschland, und ich war gerade von Japan zurückgekehrt. Nicht nach vierzehn Tagen wie geplant, sondern nach zweieinhalb Jahren, und das auch nicht freiwillig, sondern weil es die gesetzlichen Bestimmungen so verlangten. Ich las eben ein Gedicht von Rainer Maria Rilke, einem der bedeutendsten Dichter unseres Sprachraums. Seine Verse über den Panther, den er einmal in einem Zoologischen Garten in Paris gesehen hatte, waren mir schon immer beim Lesen an die Nieren gegangen, weil sie das Eingesperrtsein in Gefangenschaft so genau auf den Punkt bringen:

Sein Blick ist vom Vorübergehn der Stäbe
so müd geworden, dass er nichts mehr hält.
Ihm ist, als ob es tausend Stäbe gäbe
und hinter tausend Stäben keine Welt.

Vor mir liegt außerdem ein Haiku aus Japan, das Rilke nie besucht hat:

Kleine Motten taumeln schaudernd quer aus dem Buchs
sie sterben heute Abend und werden nie wissen
dass es nicht Frühling war.

Ein Haiku ist eine aus Japan stammende Kurzformdichtung, die für mich alles zusammenfasst, um was es in dieser uns so fremden Kultur geht, die mir ans Herz gewachsen ist. So ein Gedicht zu übersetzen ist nahezu unmöglich. Aber es lohnt sich, seine Form zu verstehen. Ein Haiku besteht aus nur drei Zeilen. Die erste Zeile besteht aus fünf Silben, die zweite aus sieben Silben und die dritte wieder aus fünf Silben. Diese streng geregelte Struktur spiegelt wunderbar die Denkweise der Japaner wider. Gleichzeitig bietet uns dieser Minimalismus eine Vielzahl an Deutungsmöglichkeiten, was wir im übertragenen Sinne im Zen wiederfinden: Je weniger wir haben, desto freier sind wir. Haben Sie schon einmal über diesen Satz nachgedacht: »Wir glauben, die Dinge zu besitzen, doch am Ende besitzen sie uns«?

Eines sollten Sie verstehen, um auch Zen zu verstehen: Grundsätzlich geht es darum, im straffen Korsett Freiheit zu finden. Rainer Maria Rilke konnte das am Ende so gut, dass in Japan ein wahrer Rilke-Boom ausbrach. Oder vielleicht war er wie ich ein heimlicher Japaner? Denn nach überraschenden Ereignissen dort bin ich heute davon überzeugt, dass ich eigentlich in diesem Land meine Wurzeln habe.

Im japanischen Zen-Kloster

Zazen ist das Sitzen in der Stille, bei dem man nach innen schaut. Im Zazen beruhigen wir unseren Geist, der ansonsten wie ein Affe unablässig herumturnt. Darin hatte mich mein Zen-Mönch in Freiburg schon geschult, so gut es ihm möglich war. Ahnte oder wusste er, dass sich mir in Japan dieser Pfad der Innenschau eröffnen würde? Denn eigentlich wollte ich in meinen zwei Wochen Urlaub neben dem Kloster noch viel anderes erleben und sehen. Das entsprach eben ganz meinem damaligen Affengeist. Der Zen-Mönch aus Freiburg hat sich das alles angehört, in sich hineingelächelt und mir dann ein Empfehlungsschreiben an den Vorstand seines Heimat-Klosters in Kyoto in die Hand gedrückt. Das sollte ich am Tag meiner Ankunft überreichen, der Rest würde sich ergeben, meinte er. Er sollte wirklich recht behalten, doch anders, als ich es mir vorgestellt hatte.

Als ich endlich im Flugzeug saß, konnte ich es kaum glauben: Unter mir verschwand Deutschland, und demnächst würde ich japanischen Boden betreten. Das Kloster lag zwar in der Nähe von Kyoto, doch ich hatte ein Ticket nach Tokio gekauft. Schließlich hatte ich jede Menge anderer Pläne: Unter anderem wollte ich zum Fuji, dem höchsten Berg Japans, aber nicht, weil dieser schneebedeckte Vulkankegel ein beliebtes Fotomotiv war und ganze Heerscharen auf den Berg pilgerten. Das war ganz und gar nicht mein Plan. Ich wollte einfach in seiner Nähe sein und mich ihm langsam nähern.

Alles in allem war ich innerlich gelassen genug, um die Dinge auf mich zukommen zu lassen. Das war auch gut so, denn unterwegs geriet das Flugzeug in eine Schlechtwetterfront. Irgendwann war nur noch Schwärze um uns, durch die grelle Blitze zuckten. Immer wieder sackte der Flieger ab, und wir vernahmen über den Lautsprecher, was wir wahrscheinlich nicht hören sollten: Der Pilot gab das Notsignal »Mayday« ab. Sofort fingen die Passagiere in Todesangst an zu schreien. In diesem Moment erhob sich ein Japaner in der ersten Reihe. Er wandte sich zu uns um, und seine Stimme durchschnitt das Geschrei, so wie ein japanisches Santoku-Messer durch Butter gleiten würde: »Wenn wir schon sterben, dann aufrecht! Jetzt ist Ruhe!« Von einem Moment auf den anderen war es mucksmäuschenstill. Ich war beeindruckt vom Charisma dieses Mannes. Ob er auch ein Mönch war, habe ich nie erfahren. Dann zeigte sich der blaue Himmel wieder, und wir hatten die Schlechtwetterfront durchquert. Nicht lange, und die Stewardessen servierten Sushi, als sei nichts geschehen. *Lecker,* dachte ich und probierte mit großem Appetit. Aber schon beim ersten Bissen merkte ich: Sushi und ich würden niemals Freunde sein.

Auch daran erinnere ich mich, als sei es gestern gewesen: das Gefühl, in einem Land anzukommen, in dem jedes Hinweisschild wie ein Buch mit sieben Siegeln ist und jede Frage in einer mir völlig unbekannten Sprache beantwortet wird. Bei uns im Schwarzwald sagt man zu solchen Situationen: »Du stehst davor wie der Ochs vorm Berg.« Außerdem hätten mir die Menschenmassen, die durch Tokio pflügten, durchaus Angst einjagen können, wo mir doch schon in Stuttgart und Freiburg zu viele Leute unterwegs waren. Doch in Japan war das anders: Das Gefühl, hier auf eine mysteriöse Art zu Hause zu sein, machte sich in mir breit und verließ mich bis zum heutigen Tag nicht mehr.

Nach meiner Ankunft spazierte ich ganz selbstverständlich durch die Ankunftshalle nach draußen und wandte mich an den erstbesten Mann, zufälligerweise ein Taxifahrer. Sein Englisch war so rudimentär wie meines, was jedoch genügte, um ihm verständlich zu machen, dass ich in die Innenstadt von Tokio wollte. Nun war allein die Innenstadt von Tokio größer als alles, was ich bisher an Städten kannte.

»Haben Sie denn kein Hotel?«, fragte der Taxifahrer. Hatte ich nicht und wollte ich auch nicht. Ich hatte meine Hängematte dabei, die sollte genügen. *Irgendwo finde ich schon ein Plätzchen für die Nacht,* dachte ich. Und so war es auch. Nachdem ich durch die Stadt gelaufen war, bis mir die Füße wehtaten, stieß ich auf einen Ort, der in der aufkommenden Dunkelheit wie ein Park wirkte. *Prima, hier werde ich pennen.* Ich spannte meine Hängematte auf, legte mich hinein und dachte darüber nach, wie lange ich unterwegs gewesen war. Der Flug hatte mit Umsteigen vierzehn Stunden gedauert, seit vielen Stunden marschierte ich durch diesen Moloch von Stadt, also war ich ... über diesem typischen Affengedanken schlief ich ein.

Als ich aufwachte, war die Sonne bereits aufgegangen. Ich blinzelte und sah schemenhaft ein paar Gestalten, die sich um meine Hängematte versammelt hatten. Nun riss ich die Augen auf und starrte einem alten Mann ins Gesicht, der sich über mich beugte. Er sagte etwas, das ich nicht verstand. In diesem Augenblick näherte sich ein jüngerer Mann. Mit großen Gesten wies er um sich und radebrechte auf Englisch: »This is cemetery.« Um Himmels willen, ich hatte meine Hängematte doch tatsächlich auf einem Friedhof aufgespannt! Kein Wunder war mein Schlaf so tief und fest gewesen. Ganz sicher gehörte sich das aber nicht. Also brach ich schleunigst meine Zelte ab und machte mich, Entschuldigungen murmelnd, auf und davon.

Irgendwie schlug ich mich zu einem Bahnhof durch – wie ich das geschafft habe, kann ich heute nicht mehr sagen –, um in Richtung des Berges Fuji zu fahren. Leider hatte ich mein ohnehin nicht üppiges Budget bereits in Deutschland in japanische Währung umgetauscht. Natürlich hätte ich vor Ort zu einem besseren Kurs gewechselt. So kam es, wie es kommen musste: Als ich das Ticket bezahlen wollte, reichte mein Geld hinten und vorne nicht. Zu Hause war es üblich, sich als Tramper durchzuschlagen. Ob das in Japan möglich war, wusste ich noch nicht. Ich sollte es später erfahren: Ja, das klappt auch. Doch bevor ich zu sehr ins Grübeln geriet, stieg ich einfach in den Zug. Vielleicht hatte ich ein damals sehr populäres Lied der Kölner Rockband »Zeltinger« im Kopf über das Fußballstadion der Domstadt, das noch den kultigen Namen »Müngersdorfer Stadion« trug. In diesem Song geht es darum, dass der wahre Fan als Schwarzfahrer kommt.

Jetzt war ich also Schwarzfahrer in Japan, und ich war schon ein bisschen nervös. Doch kaum waren wir aus Tokio raus und hatten die endlosen Siedlungen am Rande der Stadt hinter uns gelassen, wurde die Landschaft – wie soll ich sagen – »japanisch«. Auf einmal entdeckte ich überall Schreine und Tempel, und weil dieser Zug noch keiner der heutigen Hochgeschwindigkeitszüge war, hatte ich Muße, alles in Ruhe zu betrachten. Zum Glück tauchte kein Schaffner auf, wahrscheinlich, weil die Japaner ohnehin immer eine gültige Fahrkarte haben. Wieder traf ich auf äußerst höfliche Menschen, denen es eine Freude war, mir weiterzuhelfen. Ein Mann, mit dem ich ein paar Worte auf Englisch wechselte, ließ mich wissen, wann meine Haltestelle auftauchte.

»Fuji«, sagte er und deutete nach draußen. Es hätte keiner Erklärung bedurft, denn dieser wunderbare Berg füllte das ganze Panorama aus. Ich kletterte aus dem Zug und stand erst einmal mit offenem Mund da. So, wie Zazen für mich die perfekte Art ist, um den Kreislauf der Gedanken zu stoppen und in die Tiefe zu gelangen, und so, wie ein japanisches Haiku für mich die perfekte Form eines Gedichts darstellt, so ist der Fuji der perfekte Berg. Und nun hatte ich das perfekte Vergnügen, mich diesem Berg zu Fuß zu nähern. Das bedeutete zum einen, mir Zeit dafür zu lassen, und zum anderen, ständig eine neue atemberaubende Perspektive zu genießen. Gleichzeitig geschah etwas, mit dem ich nicht gerechnet hatte, weil ich gar nicht damit rechnen konnte: Ein Gedanke machte sich in meinem Kopf breit, setzte sich fest und hat mich seither nie wieder verlassen: *Otto, hier warst du schon mal. Du kennst diesen Berg.*

Exkurs über den Buddhismus

Gestatten Sie mir an dieser Stelle einen Sprung in die Zeit, kurz bevor ich anfing, dieses Buch zu schreiben. Ein katholischer Geistlicher hatte seinen Besuch in meiner Klause angekündigt. Als ich ihn herumführte, schwärmte er von der Einsamkeit hier oben, vom einmaligen Blick auf die umgebenden Wälder und hinab ins Kinzigtal, von der guten Luft und, natürlich, von der Sankt-Jakobus-Kapelle. Die werde ich Ihnen später noch näher beschreiben, doch eines will ich vorwegschicken: Als ich die Kapelle zum ersten Mal betrat, ging ich nach wenigen Minuten wieder raus. Die Kapelle ist sehr schön und mir heute ans Herz gewachsen. Doch damals war sie mir einfach zu voll mit gleich drei Altären, prächtigen Säulen und Heiligenfiguren in allen Größen und Formen. Dazu gesellten sich Engel, Putten, Girlanden sowie Früchte und Blumen.

Doch mein Besucher kam aus dem Schwärmen gar nicht mehr heraus. Das änderte sich schlagartig, als ich ihn in meine Wohnung führte. Sein Blick fiel auf den kleinen Buddha, der dort in einer Nische steht.

»Der Buddha muss raus!«, sagte er streng.

»So, muss er das?«, fragte ich. »Was weißt du denn über ihn?«

Ich mache es kurz: Er wusste so gut wie gar nichts. Und damit natürlich auch nichts darüber, dass Siddhartha Gautama, der 563 v. Chr. im nepalesischen Lumbini zur Welt kam und als der historische Buddha gilt, von Bildern und Figuren seiner Person rein gar nichts hielt. Dass ich überhaupt eine solche Figur haben kann, ist also der Entwicklung des Buddhismus geschuldet. Durch Überformung der alten Lehre Buddhas verbreitete sich der Buddhismus in fast allen Ländern Ostasiens, darunter China, Tibet und Japan, und passte sich der Kultur des jeweiligen Landes an. So entstanden verschiedene Formen der buddhistischen Religion. Der Buddhismus beeinflusste den Taoismus, die Hauptreligion Chinas, den Schintoismus in Japan und den Hinduismus. In der Kolonialzeit gelangte der Buddhismus auch in den Westen.

Der Buddhismus beruht auf dem sogenannten »Daseinskreislauf«. Danach durchläuft ein Mensch viele Reinkarnationen, in denen er sein Leben nach den »Vier edlen Wahrheiten« ausrichten soll. Sie besagen, dass unser Leben in diesem Kreislauf leidvoll ist.

Ich gebe Ihnen dazu ein einfaches und eindringliches Beispiel. Immer, wenn wir was essen, muss dafür ein anderes Wesen getötet werden. Sei es ein Tier oder eine Pflanze, denn auch Pflanzen sind für Buddhisten Lebewesen, genau wie für Franz von Assisi. Noch mehr Leid entsteht, wenn wir uns noch mehr weltliche Genüsse wünschen und ohne sie nicht existieren können. Das nennen Buddhisten »Anhaftung«. Von dieser gilt es sich frei zu machen. Der Weg zur Überwindung des Leidens ist der »Edle Achtfache Pfad«. Wer ihn geht, beendet den fortwährenden Kreislauf der Reinkarnation, erreicht den Zustand der Erleuchtung und wird dadurch selbst zum Buddha.

Von alldem hatte mein geistlicher Besucher keine Ahnung. Alles, was er dagegenhalten konnte, war, aus dem 2. Buch Mose zu zitieren: »Du sollst keine anderen Götter neben mir haben.« Nun ist Buddha aber kein Gott. So sah er sich selbst nicht, ganz im Gegenteil, er sah sich nicht einmal als Überbringer von Gottes Weisheit. Daher wird er von den Buddhisten auch als sehr weiser Mensch verehrt, der durch den Weg, den er einschlug, Erleuchtung erlangte.

An diesen Weg, der frühere Leben mit einbezieht, glaube ich, seit ich in Japan war. Das sollten Sie über mich wissen. Davon erzählte ich meinem Besucher, davon erzähle ich Ihnen – weil alles seinen Ursprung am Berg Fuji hatte. Daher flugs zurück dorthin!

Hier war ich schon mal

Otto, hier warst du schon mal. Du kennst diesen Berg. Nie zuvor war ich stärker von einem Gedanken überzeugt gewesen. Sogar mein innerer Kritiker hielt seine vorlaute Klappe. Sie wissen schon, dieser Bursche mit der ganz eigenen Stimme, der einem ständig im Nacken sitzt und herumnölt: »Hör mal, das ist doch ausgemachter Blödsinn! Das bildest du dir nur ein. Okay, der Berg ist imposant, da kann man schon beeindruckt sein. Doch du bist aus dem Schwarzwald, aus Vöhrenbach, um genau zu sein. Von dort stammen auch deine Großeltern und Urgroßeltern, und überhaupt: Das ist doch alles Quatsch!«

Ich kenne diesen Zweifler, glauben Sie mir! Aber von ihm kein Wort. Ich war mir so sicher, mich in dieser Ecke der Welt auszukennen, dass ich losmarschierte, ohne jemanden nach dem Weg zu fragen. Ich wusste, dass ich in einem Dorf am Fuße des Berges ankommen würde, dass es dort eine Herberge gab, die man als Fremder nicht als Herberge erkannte, und dass ich bereits erwartet wurde.

Schreibe ich heute darüber, stellt sich zur Freude an der Erinnerung auch ein kleiner Schmerz ein. Ich habe dort Heimat empfunden wie nie zuvor, und doch habe ich diese Heimat nach einigen Jahren wieder aufgegeben.

Nicht freiwillig, sondern weil es die Gesetze und Regeln so wollten.

Ich steuerte also schnurstracks auf das Ryokan zu, wie man in Japan die Gasthäuser speziell für Reisende nennt, und das von außen so gar nicht nach Gasthaus aussah. Auch dort war es, als sei ich schon einmal da gewesen. Ich traute mich einzutreten, obwohl ich kein Geld in der Tasche hatte. Ich wurde herzlich und freundlich aufgenommen, erhielt einen Kimono, den ich zum Essen anzog, wie es sich gehört, und hantierte mit den Stäbchen, als ob ich nie etwas anderes getan hätte. Die größte Überraschung verbarg sich in dem Behälter, in dem im Ryokan Essen serviert wird. Den dürfen Sie sich vorstellen wie ein Kästchen mit zehn Schubladen unterschiedlicher Größe, die Sie herausziehen können. Jede Schublade enthält ein Gericht. Touristen ziehen meist die falsche Schublade auf, was zu einem lustigen Spiel wird: Wo versteckt sich welches Essen? Ich dagegen wusste ganz intuitiv, wo was zu finden war.

Nach einer Weile gesellte die Tochter des Hauses sich zu mir. Sie sprach Englisch und fragte mich, wie viele Jahre ich schon in Japan sei. Ein paar Tage nur, gab ich zur Antwort, was sie mir nicht abnehmen wollte, weil ich mich in ihren Augen fast wie ein Einheimischer verhielt. Ich erzählte ihr vom Ziel meiner Reise, dem Kloster meines Zen-Meisters in Kyoto, und dass ich dort einige Tage bleiben wollte. Sie erhob sich, ging zu ihren Eltern, sprach mit ihnen ein paar Worte in schnellem Japanisch, die ich nicht verstand – so weit ging das Heimatgefühl dann doch nicht –, und kehrte zu mir zurück. Es wäre eine Ehre für ihre Eltern und auch für sie, mich zum Essen einzuladen, sagte sie. Auch für die Übernachtung bräuchte ich nichts zu bezahlen. Ich war noch kein Zen-Mönch, ja sogar noch meilenweit davon entfernt, einer zu werden, und trotzdem erfuhr ich bereits die Wertschätzung, mit der man ihnen in Japan begegnet.

Das Dorf war der Ausgangspunkt eines Pfades, der hoch auf den Fuji führte. Jeden Tag sah ich Wanderer und Pilger, mal besser, mal schlechter ausgerüstet, die zum Gipfel unterwegs waren. Mir genügte es, den Berg in der Nähe zu wissen, ich brauchte ihn nicht zu erklimmen. Ich spürte die enorme Energie, die er ausströmte. Gleichzeitig warf er Fragen auf. Eine davon lautete: Warum wollte mein Zen-Mönch in Freiburg so dringlich, dass ich sein Kloster aufsuchte? Auf einmal wünschte ich mir, er wäre mit dabei. Doch offenbar sollte ich die Aufgabe allein lösen. Ich stellte mir vor, wie ich an die Pforte des Klosters klopfte und niemand mir öffnete. Wie nahe ich damit der Wirklichkeit kam, konnte ich nicht ahnen. Doch ich spürte, dass sich mein Aufbruch näherte. Zumal ich einige Tage brauchen würde, um zum Kloster zu gelangen, was meinem leeren Geldbeutel geschuldet war, aber auch der Lust, noch mehr zu sehen wollen vom Land. Ich hatte vor, das Trampen auszuprobieren und, sollte es nicht klappen, am Meer entlang zu Fuß zu gehen. Osaka hieß mein nächstes Ziel, nicht weit entfernt von Kyoto. Von dort aus würde ich die letzte Etappe bis zum Kloster in Angriff nehmen.

Zum x-ten Mal nahm ich den Briefumschlag in die Hand, den mir mein Meister mitgegeben hatte. Er war nicht zugeklebt, deshalb sah ich mir das Empfehlungsschreiben ein weiteres Mal an. Ich konnte die mit einem Pinsel gemalten Schriftzeichen nicht entziffern, aber sie wirkten beruhigend. Wie schön und ästhetisch sie waren! Wie überhaupt die Menschen in Japan Ästheten sind, was sich schon in diesem Ryokan zeigte, in dem ich zu Gast war. Hier war alles durchdacht und von einer inneren wie äußeren Schönheit durchzogen. Wie ich Ihnen erzählt habe, war ich mit der großen Sehnsucht nach Klarheit in meinem Kopf und nach Reinheit in meinem Körper aufgebrochen. Jeden Tag verstärkte sich meine Ahnung, dass ich beides in Japan finden würde.

Vor verschlossenen Türen

Für ausländische Gäste ist die japanische Form der Gastfreundlichkeit oft unverständlich. Das zeigt die folgende Geschichte von einem Gast aus Deutschland, der sich im Teehaus Tee bestellte. Es gibt schwarzen Tee, klar, den kennen wir alle, aber auch roten Tee, weißen Tee, grünen Tee – die Auswahl ist riesig. Dieser Gast entschied sich für grünen Tee und fragte nach Zucker. Nun ist Zucker in grünem Tee für Japaner ein Tabu. Der gehört da einfach nicht rein. In Deutschland hätte es nun eine kleine Lehrstunde gegeben – »Hören Sie, da kommt kein Zucker rein, in Weißwein kippen Sie den ja auch nicht« –, doch in Japan darf der Gast auf keinen Fall derart blamiert werden. Also erklärte der Teehausbesitzer höflich: »Wir haben keinen Zucker.« Eine Lüge, die in seinem Verständnis notwendig war, damit der unwissende Gast nicht das Gesicht verlor. Worauf dieser entgegnete: »Dann bringen Sie mir halt einen Kaffee.« Der Kaffee kam und mit ihm Zucker.

Wir würden mit solchen Gästen wenig Federlesen machen, deshalb wirkt die japanische Fürsorglichkeit fremd auf uns. Doch lassen wir uns darauf ein, erkennen wir ihre herzensöffnende Stärke. Niemand wird runtergemacht, niemand wird diskriminiert. Der Umgang ist höflich und freundlich. Das alles erlebte ich auf meiner weiteren Reise, und es prägte sich mir ein. Und so war ich gut vorbereitet, als ich endlich vor dem Heimatkloster meines Freiburger Zen-Mönchs stand. Dabei sah ich nach den letzten Etappen alles andere als gepflegt aus. Ob wohl deshalb niemand die Tür öffnete, als ich an sie klopfte? Es war ganz so, wie ich es mir immer wieder ausgemalt hatte: Die Tür blieb zu.

Klopf, klopf. Und nach einigen Minuten wieder: *klopf, klopf.* Ach, hätte ich damals schon gewusst, was ich heute weiß! Ich habe Ihnen ja bereits davon erzählt: Möchte jemand einen Drogen- oder Alkoholentzug machen, muss er aus freien Stücken damit beginnen. Wird er von Angehörigen dazu gezwungen, kann es nicht klappen. Ähnliches gilt, wenn ein Bewerber an eine Klostertür klopft. Im übertragenen Sinne ist so ein Mensch auf Entzug aus – nämlich den Entzug vom weltlichen Leben. Und wie überprüft man, ob es diesem Menschen ernst ist? Zunächst einmal damit, dass die Tür verschlossen bleibt. Wendet sich der Bewerber nach dem dritten, vierten, fünften Klopfen ab und geht davon, dann hat er es nicht ernst gemeint. Harrt er aber geduldig aus und probiert es wieder und wieder, gehört er nicht zu denen, die bei den noch kommenden Prüfungen gleich aus den Latschen kippen. Es soll Klöster geben, bei denen Bewerber sich tage- und nächtelang in Geduld üben müssen, bis ihnen Einlass gewährt wird.

So lange sollte es bei mir nicht dauern. Doch lange genug, um mich zu prüfen. Eine Prüfung, die ich bestand, weil ich mich einfach vor die Tür setzte. Immer wieder wandte ich mich um und pochte an das uralte Holz. Irgendwann trat ein Mönch heraus. Ich sprang auf. Was er sagte, verstand ich nicht, deshalb zog ich das Empfehlungsschreiben hervor und gab es ihm. Ohne einen Blick darauf zu werfen, wandte er sich um und verschwand in der Tür, die krachend hinter ihm ins Schloss fiel. Wieder herrschte Stille.

Mannomann, fuhr mir durch den Kopf. *Wenn der nicht wieder auftaucht, dann hast du nicht mal mehr dein Schreiben.*

Trotzdem blieb ich erstaunlich ruhig. Das ganze Land beruhigte mich. Ich fühlte mich hier behütet und beschützt. Warum das so war, erklärt vielleicht die folgende Anekdote: Vor nicht allzu langer Zeit entdeckte ich auf einem Schwarz-Weiß-Foto einen alten Japaner. Der Mann auf diesem Bild war ein Hüne und sah aus wie mein Großvater Erwin Stahl, mein Opa väterlicherseits. »Wie aus dem

Gesicht geschnitten«, sagt man bei uns im Schwarzwald dazu. Dort nennt man einen Mann wie Erwin Stahl auch ein »Urvieh« – einer von denen, die einen gefällten Baum schon mal allein schultern, wenn sonst keiner zur Hand geht. Mein Opa hatte einen dunklen Teint und leicht mandelförmige Augen, und wahrscheinlich hat man ihn nur deshalb nicht als »Japaner« verspottet, weil er dann kernige Kopfnüsse verteilt hätte. Nun blickte er mich auf diesem Foto an – nein, nicht er, sondern ein wildfremder Japaner. Sein Name stand darunter, ein mir unbekannter Ort sowie die Jahreszahl 1910.

Es dauerte sehr lange, bis die Tür sich wieder öffnete und mich ein anderer Mönch wortlos hereinwinkte. Ich folgte ihm, doch plötzlich war das vertraute Gefühl, das mich bis jetzt erfüllt hatte, weg. Ich konnte nicht wissen, dass dies ein Teil der Prüfung ist, ob ein Kandidat geeignet ist, den steinigen Weg zum Zen-Mönch einzuschlagen. Es fühlte sich an wie ein jähes Erwachen, das Aufschrecken aus einem Traum. Auf einmal war ich fremd und einsam und wünschte mir mehr denn je den Mönch aus Freiburg an meiner Seite. Doch die wahren Herausforderungen im Leben müssen wir allein meistern. Der Mentor kann uns nur die Tür zeigen, durchgehen müssen wir selbst. Und mein Mentor hatte mir im wahrsten Sinne des Wortes die Tür gezeigt. Er hatte mich mit seinem Schreiben bis an diese Tür begleitet. Als sie sich nun öffnete, lag es an mir. Von nun an, das war klar, war ich auf mich selbst gestellt.

6. DER UNSUI

Wenn ich gedacht hatte, ich sei für ein paar Tage Gast im Kloster und verschwinde danach wieder auf ebenso leisen Sohlen, wie ich gekommen war, sollte ich mich irren. Mein Meister in Freiburg hatte einen ganz anderen Plan, und er wusste, was er tat.

Wenn ich sage, dass nicht jeder Mensch den Weg des Eremiten einschlagen sollte, dann einfach deshalb, weil nicht jeder dafür geschaffen ist. Das gilt auch für den Weg des Zen-Mönchs. Dazu braucht es ein gewisses Potenzial, und das hatte mein Meister in mir gesehen.

Bitte verstehen Sie mich richtig: Das macht mich nicht zum besseren Menschen. »Potenzial« ist eines meiner Lieblingswörter, weil ich im Grunde meines Herzens weiß, dass diese geheimnisvolle Kraft in jedem von uns schlummert, und zwar in vielfältiger Form: Es gibt Menschen, die können sich in Triathlons rund um die Welt bewegen, wie es Jonas Deichmann gemacht hat in der Zeit, als ich dieses Buch schrieb. Ein Potenzial, das ich nicht habe. Andere klettern auf die höchsten Berge, oder was las ich kürzlich? Die besten Apnoe-Taucher schaffen es, zwölf Minuten lang die Luft anzuhalten! Mit Atmung kenne ich mich als Zen-Mönch gut aus, doch diese Leistung liegt außerhalb meines Potenzials. Es gibt das musische Potenzial, es gibt mathematisches Potenzial, es gibt Menschen, die sind Sprachgenies, während andere besonders gut Torten backen können, ein Handwerk ausüben oder Bilder malen. Glücklich kann ein Mensch sich dann schätzen, wenn er jemanden findet, der ihn auf seine Gabe aufmerksam macht, ihn womöglich anleitet und Hindernisse aus dem Weg räumt. Jeder von uns hat ein bestimmtes Potenzial, denn wir sind nach Gott geschaffen. Unser Potenzial ist ein Teil Gottes. Sie können sich vorstellen, dass Gott es liebt, wenn wir unsere Gaben nutzen, und er betrübt ist, wenn wir sie vergeuden. Und weil wir gerade so schön darüber plaudern: Was ist denn Ihr Potenzial?

Praxisübung: **Ihr Potenzial**

Als Seelsorger und Einsiedler, zu dem die Menschen kommen, um ihr Herz auszuschütten, höre ich oft: »Ich bin nichts wert.« Das macht mich auf der einen Seite traurig und auf der anderen Seite zornig. Was ist geschehen, dass du Menschenkind, das vollkommen perfekt auf diese Welt kam, dich nicht mehr als Teil der Schöpfung siehst? Denn in der Schöpfung ist jedes Wesen gleich viel wert!

Allerdings kommt auch für jeden von uns der Tag, an dem wir nicht mehr anderen die Schuld an unserem Unglück geben können. Denn wir sind unseres eigenen

Glückes Schmied, und das fängt damit an, unser Potenzial zu suchen und zu finden. Das ist einfacher, als Sie vielleicht denken. Fragen Sie sich: Was macht mir am meisten Freude im Leben? Was Ihnen JETZT in den Sinn kommt, ist Ihr Potenzial und damit die wichtigste Energiequelle in Ihrem Leben.

Mein Meister aus Freiburg hatte in mir das Potenzial gesehen, Zen-Mönch zu werden. Ich musste es trotzdem erst lernen, was nicht einfach war. Potenzial bedeutet nicht, dass uns die Dinge zufliegen. Mozart musste auch von klein auf üben, üben, üben, da war sein Vater streng hinterher. Sein geniales Potenzial konnte sich dadurch entfalten – ohne das harte Training wäre es verkümmert. Das wusste auch mein Meister. Er zeigte mir die Tür, und ich trat ein. Also, wie ist es mit Ihnen? Sie sehen die Tür, die Ihnen Zugang zu Ihrem Potenzial verschafft. Bitte treten Sie ein!

Es kann erst einmal verwirrend sein, wenn sich das Potenzial, das wir in uns entdecken, von unserem bisherigen Lebenskonzept unterscheidet. Nehmen Sie mich: Vor wenigen Tagen hatte ich noch den Beruf eines Druckers ausgeübt und mich als Fotomodell für Jeans, Küchenmaschinen und Heimtrainer ablichten lassen. Jetzt war ich plötzlich der Unsui, ein Novize in einem japanischen Zen-Kloster. Da kann einem schon mal schwindelig werden.

Zu dieser Zeit hatte ich einen Traum, der typisch dafür ist, wenn wir auf der Schwelle zwischen zwei Leben balancieren, die auf den ersten Blick nichts miteinander zu tun haben. Es war der Schmetterlingstraum, von dem Sie womöglich schon mal gelesen und gehört haben. Die Tatsache, dass andere darüber berichten, belegt, dass dieser Traum uralt ist und zu dem gehört, was der berühmte Mythen- und Märchenforscher Joseph Cambell »das kollektive Gedächtnis der Menschheit« nennt. Tief in uns verborgen haben wir Menschen über Kulturen und Kontinente hinweg dieselben Träume und Wünsche an das Leben. Das ist auch gar nicht verwunderlich, weil wir alle Kinder Gottes sind. Und so kam der Schmetterlingstraum auch zu mir in den ersten Nächten im Zen-Kloster. In diesem Traum geht es um die Frage: Wer bin ich wirklich? Und so lautet auch die Kernfrage im Zen: Wer bin ich?

Der Schmetterlingstraum

In meinem Schmetterlingstraum wird ein Mensch namens Otto Stahl zu einem Schmetterling, der beschwingt umherflattert. Er hat große Freude dran, doch er weiß nicht, dass er Otto Stahl ist. Bis zum Moment, als ich wieder erwachte und eindeutig Otto Stahl war – oder etwa nicht? Träumte ich, ein Schmetterling zu sein, oder träumte der Schmetterling, er sei Otto Stahl?

Bitte vergessen Sie nicht, für Buddhisten wie für die Nachfolger von Franz von Assisi haben alle Lebewesen eine Seele. Daher kann ein Schmetterling so einen Traum haben. Was uns zur nächsten Frage führt: Wissen wir, wer wir sind? Hilft uns das Wörtchen »Wissen« überhaupt weiter? Sind wir wach oder träumen wir? Folgt auf jeden Traum ein Erwachen und auf jedes Erwachen ein Traum? Wir versteifen uns ein Leben lang darauf, alles, was uns der Tag bringt, kontrollieren zu können. Trotzdem sind wir unsicher, weil wir das eben nicht schaffen. Und obwohl wir deshalb Angst haben, weisen wir die Unsicherheit weit von uns.

Viele Menschen, die zu mir kommen, haben Verluste erlebt. Sie stecken mitten in einer Krise. Und sie beginnen das Gespräch mit den Worten: »Ich hätte niemals gedacht, dass so was passieren kann.« Was immer »so was« ist, es ist passiert. Was zeigt, dass Kontrolle bloß ein Wort ist. Wir balancieren ständig auf Messers Schneide. Der vermeintlich mächtigste Mensch der Welt erfährt Ohnmacht, wenn ihm seine Macht durch die Hände gleitet. Wir finden nur Vertrauen, wenn uns tief in der Seele klar wird, dass wir in »etwas Größeres« eingebettet sind. Dann kann der Schmetterling beschwingt umherflattern.

Um was geht es also? Wir Menschen fürchten uns vor Kontrollverlust und versuchen krampfhaft, Bestehendes festzuhalten. Auf diese Weise ist aber keinerlei Wandel möglich. Hätte ich an meinem Beruf als Drucker und dem damit verbundenen bürgerlichen Leben festgehalten – und das tat ich lange genug –, wäre aus mir niemals Bruder Otto geworden, ein Zen-Mönch und ein Eremit. Dieser Wandel war nur durch Loslassen möglich.

Nun darf ich Sie in ein weiteres Geheimnis einweihen: Der Verlust der Kontrolle durch Loslassen gelingt am besten, wenn wir in der Lage sind, uns zu kontrollieren. Das klingt zunächst so paradox wie der Traum des Schmetterlings, ist es aber keinesfalls. Viele Menschen versuchen, etwas loszulassen, indem sie mit Alkohol oder Drogen nachhelfen. Richtig, da verliert man schon mal die Kontrolle. Doch schon nach kurzer Zeit haben wir einen neuen Kontrolleur, und das ist der Alkohol oder die Droge. Und glauben Sie mir, dieser Kontrolleur ist unerbittlich, den kriegen Sie so schnell nicht mehr los.

Echtes Loslassen gelingt nur, wenn unser Körper rein und unser Geist frei ist. Das ist die Erleuchtung, über die so viel gesprochen wird. Zu ihr gelangen wir mithilfe einer Sache, die leider kein so gutes Image hat: Ich spreche von der Disziplin. Loslassen und kontrollierter Kontrollverlust brauchen Übung, und diese Übung verlangt Disziplin. So einfach ist das, und damit auch so schwer. Wir können alles auf den einen knackigen Punkt bringen: Übung macht den Meister – egal, worin Ihre Gabe besteht und Ihr Potenzial liegt. Falls Sie Lust verspüren, es zu nutzen, gibt Ihnen der japanische Dichter Matsuo Basho ein Haiku mit auf diesen wunderbaren Weg:

Wach auf, wach doch auf,
Kleiner Schmetterling
Und lass uns Freunde werden

Gekommen, um zu bleiben

Dieses Haiku begleitete mich als Unsui, als Novize, Postulant und Anfänger in einem japanischen Zen-Kloster fern der alten Heimat. Was ich in Freiburg gelernt hatte, war wie ein Wassertropfen in einem Gefäß, das nun ganz gefüllt werden sollte. Meine Mitbrüder unterstützten mich dabei nach Kräften, was nicht einfach war wegen der Sprachbarriere.

Ich habe Ihnen ja bereits erzählt, wie wichtig das Herz-Sutra für uns Zen-Mönche ist – und wer weiß, vielleicht ist es Ihnen mittlerweile auch buchstäblich ans Herz gewachsen. Ich erinnere mich noch gut, wie mir einer der Mitbrüder feierlich ein handgeschöpftes Büttenpapier überreichte. Als Drucker wusste ich, dass es sich dabei um etwas Besonderes handelte, auch wenn ich die wunderschönen Schriftzeichen darauf nicht lesen konnte. Jemand hatte sich große Mühe gegeben, sie mit feinem Pinsel aufzutragen. *Es wird das Herz-Sutra sein,* dachte ich. Hier war es in altjapanischer Schrift verfasst, und in dieser Sprache wurde es auch rezitiert. Also hörte ich zu und verstand jeden Morgen ein bisschen mehr.

Es ist gut möglich, dass ich der erste Westler war, der als angehender Zen-Mönch in das Kloster aufgenommen wurde. Das spielt nur eine Rolle, wenn man sich Gedanken darüber machen möchte, wie erfahren oder eben auch nicht meine Mitbrüder im Umgang mit jemand waren, der wenig über ihre uralte Kultur wusste. Sie waren sehr nachsichtig mit mir, das darf ich im Rückblick sagen. Offenbar waren meine Pläne, schon bald im sprichwörtlichen Sinne wieder den Abflug zu machen, kein Geheimnis. Jedenfalls rief mich der Roshi nach den ersten drei Tagen zu sich. Er sprach Englisch, und so konnten wir uns verständigen. Er sprach mich ganz anders an, als ich in Freiburg in der Druckerei mit einem Praktikanten gesprochen hätte, etwa so: »Na, Junge, wie gefällt es dir bei uns? Passt alles mit der Arbeit? Kommst du mit den Kollegen zurecht? Also von unserer Seite aus wäre die Sache klar: Wir bieten dir eine Lehrstelle an.« Stattdessen ließ er mich wissen, dass alles geregelt sei, der Mönch in Freiburg mit meinem Arbeitgeber gesprochen hätte und ich freigestellt sei auf unbestimmte Zeit. Mein Rückflugticket sei gesichert, auch dafür hätte man gesorgt. Mit anderen Worten: Alles ist gut, du brauchst dir keine Sorgen zu machen.

War ich erstaunt, dass die Mönche mich unbedingt behalten wollten? Ehrlich gesagt, nein. Das mag daran liegen, dass ich ein junger Bursche war mit der Zuversicht, auf dem richtigen Weg angekommen zu sein. Es zog mich nichts zurück nach Freiburg. Ich war ein guter Drucker und hatte meinen Beruf gern ausgeübt, doch ich hing nicht daran. Auch mein Job als Model war mir nicht wichtig, im Gegenteil: In den letzten Monaten war mir die Oberflächlichkeit der Branche immer mehr auf die Nerven gegangen. Ich konnte es auch gut verschmerzen, dass die Freiburger Kunstszene ohne mich auskam, und meine vielen falschen Freunde würden mich auch nicht vermissen, wie sich Jahre später bei meiner Rückkehr zeigte, als ich nicht mehr als ein »Oh, wir dachten, du bist tot. Tja, deine Sachen haben wir verscherbelt« erntete. Eine Freundin hatte ich seit einiger Zeit nicht mehr, sodass mich auch keine Liebesbande in den Breisgau zogen.

Mit anderen Worten, ich war frei – mir gefällt der Ausdruck »vogelfrei« –, und daher kam das Angebot des Roshi zu bleiben, das vielmehr eine Aufforderung war, gerade richtig. Rückblickend staune ich ein wenig über die Leichtigkeit, mit der ich über diese wichtige Schwelle ging. Mit meiner Zustimmung, gern zu bleiben, schnitt ich die Verbindung zur alten Welt in Freiburg ab, um mich ganz und gar und mit Haut und Haar auf die neue Welt im Zen-Kloster einzulassen.

Fiel mir die Zeit dort schwer? Eine Frage, die ich mit »Ja« und mit »Nein« beantworten kann. Die Sprachbarriere sorgte anfangs für Probleme, und das nicht, weil ich fröhlichen Small Talk mit meinen Mitbrüdern führen wollte. Sie können sich vorstellen, dass es diesen in einem Zen-Kloster der strengen Sōtō-Schule ohnehin nicht gab. Doch wenn Sie in eine Kultur eintauchen möchten, die so weit zurückreicht wie der Zen-Buddhismus, verspüren Sie ein starkes Verlangen danach, die alten Texte zu lesen und die Kyo (Sutren), die Darani, Ron und Eko Mon, wie die anderen wichtigen Textformen für die Zeremonien heißen, zu sprechen.

Mir blieb nichts anderes übrig, als mich auf den Tagesablauf einzulassen. Damit spreche ich eine Lektion an, der wir durch Zen näher kommen: das Loslassen. Ich durfte loslassen, dass ich die Sprache nicht konnte; ich durfte loslassen, dass mir die Rituale fremd waren; ich durfte loslassen, dass ich so gut wie nichts wusste – wie schön es doch ist, alles loszulassen, was uns im Alltag belastet. Das kennen Sie auch, ohne je ein Zen-Kloster von innen gesehen zu haben: *Ach herrje, wir haben die Präsentation noch gar nicht vorbereitet! Zwei Dutzend E-Mails wollen beantwortet werden, doch jetzt ist erst das Zoom-Meeting, und das kann dauern, ich weiß gar nicht mehr, wo mir der Kopf steht!!*

Und dann lassen wir los und stellen erstaunt fest: Wir sind trotzdem noch ein Mensch! Nur weil wir uns nicht mehr abstrampeln wollen im Hamsterrad, sind wir nicht weniger wert. Wie leicht sich plötzlich alles anfühlt!

Viele Leute glauben, dass die Praxis des Zazen – das einfache Sitzen mit gerader Wirbelsäule voller Aufmerksamkeit und ohne zu denken – oder des Kinhin – die Meditation im Gehen mit ihren strengen Regeln – sehr anstrengend sind. Gewiss, sie sind nicht ohne, doch sorgen sie dafür, dass Sie sich fühlen, als sei die Schwerkraft aufgehoben. Weil sie uns helfen, die Mühen des Alltags von unseren Schultern zu nehmen. Weil wir uns plötzlich wieder als lebendige Wesen fühlen.

Besitz ist Ballast

Der Tag begann sehr früh: Morgens um vier Uhr, wenn noch nicht einmal die Hähne krähten, schlich sich ein *tok-tok-tok* in meine Träume. Das war ein Mitbruder, der uns mit seinem rituellen Trommeln weckte. Es machte mir nichts aus, um diese Zeit aufzustehen, und das nicht nur, weil das Liegen auf der dünnen Matte nicht mit dem behaglichen Ruhen auf einer bequemen Federkernmatratze zu vergleichen war. Nein, ich steckte voller Energie, auch wenn es draußen noch dunkel war. Auch heute noch bin ich ein Frühaufsteher. Was ich nicht mag, ist, wenn der Lärm der Zivilisation um diese Zeit bereits an mein Ohr dringt. Wenn gebabbelt wird ohne Ende. Zum Glück passiert das einem Einsiedler eher selten. Und bei den Zen-Mönchen herrschte nach dem Aufstehen, was ich mir am meisten wünschte: klösterliche Ruhe.

Das heißt, etwas vernahm ich doch, und das waren die leisen Stimmen meiner Mitbrüder, die gleich nach dem Aufstehen Sutren rezitierten. Es klang sehr angenehm, eine Mischung aus Sprache und Gesang, leise und rhythmisch. Gerade diese morgendlichen Sutren motivierten mich, Altjapanisch zu lernen. Gelegenheit hatte ich genug: Rund zwei Stunden dauerte diese allmorgendliche Praxis. Anschließend gab es … nein, kein Frühstück, falls Sie das dachten. Anschließend übten wir uns im schweigenden Zen. In diese Stille hinein hörte ich irgendwann das *pat-pat.* Dieser Ton entsteht, wenn ein Holzlöffel auf eine Holzschale geklopft wird, das Zeichen für: *Jetzt gibt es etwas zu essen.* Immer schneller ertönte der Klang, und wir versammelten uns im Essraum und knieten uns auf den Boden. Meine Essschale – halt, das ist schon falsch wegen des Possessivpronomens »mein«, denn die Essschale gehörte mir nicht. Mir gehörte gar nichts mehr: nicht die Essschale, nicht meine Kleidung, nicht die Matte, auf der ich schlief. Das alles gehörte der Gemeinschaft.

Praxisübung: Was gehört Ihnen?

Sehen Sie sich in dem Raum um, in dem Sie sich gerade befinden. Dabei gehe ich davon aus, dass Sie dieses Buch zu Hause lesen. Falls Sie woanders sind, machen Sie die Übung, wenn Sie wieder in Ihrer Wohnung sind.
Darf ich Sie darum bitten, den Blick schweifen zu lassen? Fällt er auf etwas, das Ihnen gehört, sagen Sie bitte leise: »Diese/dieses (Name des Gegenstandes) gehört mir.«
Es könnte sein, dass die Übung länger dauert, als Ihnen lieb ist. Vielleicht werden Sie der Sache irgendwann überdrüssig, wenn Sie zum x-ten Mal gesagt haben: »Dieser Teppich gehört mir«, »diese Vase gehört mir«, »diese Jacke gehört mir«, »dieser Stuhl gehört mir«.
Vor hundert Jahren standen in einem Haushalt in Deutschland hundertachtzig Gegenstände herum. Heute sind es, halten Sie sich fest, über zehntausend. Daher will ich Sie erlösen. Sie dürfen mit der Übung aufhören. Wie fühlen Sie sich jetzt? Gut, weil Sie so viele schöne Dinge besitzen? Oder belastet Sie der ganze Besitz?

Als Unsui im Kloster wäre ich mit dieser Übung im Nullkommanichts fertig gewesen, denn mir gehörten null Dinge. Heute ist das auch bei mir anders. Ich horte zwar keine zehntausend Gegenstände in meiner Klause, doch im Gegensatz zu der Zeit im Zen-Kloster ist ganz schön was zusammengekommen. Offenbar lässt sich das in unserer Konsumgesellschaft fast nicht vermeiden. Ich sage mit Bedacht »fast nicht«, weil einige Mitbrüder sehr zurückgezogen mit so gut wie gar keinem Besitz in Höhlen oder an anderen versteckten Orten leben.

Doch jetzt mache ich selbst die Übung, um die ich Sie gerade gebeten habe. Schon geht es los: »Dieser Computer gehört mir«, »dieser Tisch gehört mir«, »diese Kaffeetasse gehört mir«. Und da drüben in der Ecke steht mein neuer Bass: »Dieser Bass gehört mir.« Fühle ich mich gut mit der Tatsache, dass ich mittlerweile auch einiges besitze, oder belastet es mich? Ganz ehrlich: Ich tendiere immer mehr zu »es belastet mich«.

Denn seit geraumer Zeit verspüre ich meine nomadische Veranlagung. Sie sagt: *Bruder Otto, du warst lange genug sesshaft. Es wird Zeit, wieder auf Wanderschaft zu gehen. Bisher kam die Welt zu dir, und es kommen immer mehr. Hast du nicht das Verlangen, zur Welt zu kommen?*

Und wie ich das habe! Kein Wunder, ich bin ja kein menschenscheuer Eremit, sondern einer, der auf die Menschen zugeht. In meiner Vision sitze ich auf einem kleinen Traktor, der einen Bauwagen hinter sich herzieht. Den habe ich umgestaltet in eine Minikapelle. So tuckere ich durch Dörfer und Städte, und jeder, der ein Anliegen hat, darf zu mir kommen. Für mich selbst habe ich nur das Nötigste dabei, und so bleibe ich mobil. Wer zu viel Besitz anhäuft, ist nicht mobil. Ein Nomade wird sesshaft. Das drückt sich auch in unserer Sprache aus: Mit dem Kauf eines Hauses erwerben wir eine *Immobilie.* Sie steht fest und unverrückbar an ihrem Platz und sorgt dafür, dass wir das auch tun.

Wenn alles, was wir im täglichen Gebrauch verwenden, der Gemeinschaft gehörte, könnte das eine ungeheure Befreiung sein. Oft ist das auch wirtschaftlich sinnvoll, was der Grund ist, weshalb man Genossenschaften gründete. Gehen wir noch einen Schritt weiter: Wenn es kein »mein« und »dein« mehr gibt, worüber sollten wir uns dann streiten? Worüber Kriege führen? Im Altjapanischen gibt es keine Worte für »mein« und »dein«. Auch die Khoisan, die Buschmänner in der Kalahari, die die älteste Menschengruppe der Erde bilden, haben in ihrer Klicksprache keine Possessivpronomen. Und so wundert es auch wenig, dass die Khoisan keine Wörter für »Krieg« oder »Kampf« kennen.

Mir ist klar, dass die Gesellschaft, die wir uns im Laufe der letzten hundertfünfzig Jahre aufgebaut haben, ein anderes Konzept verfolgt: Wir haben das Prinzip Ellbogen und das Prinzip »Ich will mehr«. Das steckt tief in uns drin. Ein Freund berichtete mir kürzlich, dass er in seinen jungen Jahren immer das Gefühl hatte, mit zwei Löffeln gleichzeitig essen zu müssen, da er Angst hatte, zu kurz zu kommen.

Die Wirtschaftsfachleute vertreten die Meinung: »Was nicht wächst, geht ein. Deshalb muss jede Volkswirtschaft immer weiter wachsen.« Dem halten die Ökologen entgegen: »Wir haben nur eine Welt. Wenn wir diese ausbeuten, ist eines Tages Schluss, und dieser Tag ist nicht mehr weit weg.« Der sogenannte »Earth Overshoot Day« zeigt an, an welchem Tag im Jahr die Menschheit ihr ganzes jährliches Budget an natürlichen Ressourcen aufgebraucht hat, die die Erde bis zum 31. Dezember wiederherstellen kann. 2022 fiel dieser Tag bereits auf den 4. Mai. Das heißt: Von diesem Tag an beuten wir die Erde aus. Wir verbrauchen mehr, als bis Ende des Jahres wieder nachwachsen kann.

Ich klopfe mir nicht auf die Schulter, wenn ich schreibe: An den Zen-Mönchen liegt das nicht. Und auch nicht an den Eremiten, selbst wenn ich mich mit allerhand Krempel umgeben habe, den ich gar nicht brauche.

Mal sehen, von was ich mich leichten Herzens trennen kann, schließlich habe ich Loslassen doch von der Pike auf gelernt. Mein neuer Bass? Ah, alles, nur nicht mein neuer Bass! Also dann, der Computer? Aber wie soll ich dann das Buch fertig schreiben? Ja, ich bekenne: Mir geht es nicht anders als allen Menschen. Mein neuer Bass, auf dem ich gern Musik mache, ist mein Energiespender.

Doch wie viele Dinge besitzen wir, die eigentlich nur Energieräuber sind? Brauchen wir ein, zwei oder zehn T-Shirts? Ein paar Schuhe oder ein Dutzend? Genügt uns ein Fernseher, oder sollte in jedem Raum einer stehen? Brauchen wir intelligentes Hightech im Haus, um die Lüftung zu regulieren, oder schaffen wir es, selbst ein Fenster aufzumachen?

Ich glaube nicht, dass wir die Uhr zurückdrehen werden. Vielleicht dreht sie sich eines Tages ja von selbst zurück und fragt uns gar nicht, was wir davon halten. Was ich aber glaube, ist: Wenn jeder von uns seine Welt in Ordnung hält, ist viel gewonnen. Kriegen wir das hin, bevor wir mit dem Finger auf andere zeigen? Mal abgesehen davon, dass dann immer drei Finger auf uns selbst gerichtet sind, ist es ja nur eine Ablenkung von unseren eigenen Schwächen.

Und damit sind wir wieder mitten im Zen und seinen wundervollen Übungen. Wer Zazen erlernt, wer Sitzen lernt, wird ganz gehörig mit seinen eigenen Schwächen konfrontiert. Nicht mit denen des Sitznachbarn zur linken Seite. Nicht mit denen des Sitznachbarn zur rechten Seite. Nur mit seinen. Und das war, was mir bevorstehen sollte.

7. DAS LEBEN IM ZEN-KLOSTER

Zunächst eine kleine Geschichte aus der Geschichte der Zeitmessung: Als Christoph Kolumbus sich aufmachte, um Indien auf dem Seeweg zu erreichen, wusste er zwar wie alle Seefahrer seiner Epoche von den babylonischen Berechnungen des Breitengrades. Weil er aber noch keine Längengrade berechnen konnte, verfehlte der gute Mann sein Ziel um Tausende Kilometer. Statt in Indien landete er in Amerika. Es mangelte ihm an bordtauglichen Uhren, die auf Schiffen trotz heftigen Wellengangs präzise liefen. Die englische Krone, die mit ihrer Flotte die Welt erobern wollte, lobte deshalb um 1750 einen Wettbewerb aus. Die Preissumme von damals unvorstellbaren 20000 Pfund sollte derjenige bekommen, der so eine Uhr bauen konnte. Viele versuchten sich daran, doch am besten machte es der achtzigjährige Zimmermann John Harris. Seine Uhr »Harrison Number 4« wies auf einem Schiff seiner Majestät auf der Reise von London nach Barbados und zurück eine Abweichung von lediglich fünfzehn Sekunden auf.

Spaß macht es auch, sich an den Beginn des Eisenbahn-Zeitalters zurückzuversetzen. Denn damals gab es

Aberhunderte unterschiedlicher Ortszeiten. Jede Stadt war stolz darauf, ihre eigene Uhrzeit zu haben, die sich nach dem Stand der Sonne richtete. Das führte dazu, dass die Reisenden unterwegs permanent ihre Uhren umstellen mussten. Die Züge starteten zur im Fahrplan angegebenen Abfahrtszeit und kamen zu einer völlig anderen Zeit am Zielort an. Was für ein Zeit-Chaos! Damit war Schluss, als sich das Deutsche Kaiserreich 1893 der mitteleuropäischen Zeitzone innerhalb der Weltstandardzeit anschloss.

Und wie ist es heute? Seit bald vierzig Jahren regiert das satellitengestützte Global Positioning System unsere Welt. Seither weiß man dank eines GPS-Empfängers an jedem Punkt der Erde, wo genau man sich befindet und wie viel Uhr es gerade ist. Dazu passt, dass ebenfalls in den Achtzigerjahren in Schramberg, rund 30 Kilometer von meiner Heimatstadt Vöhrenbach entfernt und ebenfalls ein Zentrum der Schwarzwälder Uhrenindustrie, eine Funkuhr entwickelt wurde, deren Abweichung in einer Million Jahren weniger als eine Sekunde betragen soll.

Der Tag im Zen-Kloster

Warum ich Ihnen das alles erzähle? Weil wir Menschen die Zeit in große, mittlere und kleine Einheiten eingeteilt haben, um unserem Leben Struktur zu geben. Diese Zeitauffassung nennt man »linear«, denn die Zeit verläuft wie eine gerade Linie in die Zukunft. Beim zyklischen Zeitverständnis wiederholen sich Ereignisse immer wieder. Das leuchtet ein: Auf den Morgen folgt der Mittag, auf den Mittag der Abend, dann kommt die Nacht und anschließend wieder ein neuer Morgen.

Gefühlt gibt es noch andere Zeitformen, was wir zum Beispiel in tiefer Meditation erfahren, wenn sich die Zeit ausdehnt, oder auf dem Zahnarztstuhl, wo dasselbe passieren kann. Es ist auch nicht anzunehmen, dass sich die Schöpfung mit einer linearen Zeit zufriedengibt, auch wenn wir im Buch Genesis lesen: »Es wurde Abend, und es wurde Morgen: erster Tag.« Vielleicht ist es so, wie Friedrich Nietzsche sagte: »Die Zeit ist ein Kreis.«

Im Zen-Kloster schien sich einerseits die Zeit zu ziehen, zu dehnen und zu drehen, auf der anderen Seite gab es bei uns strenge Regeln, die den Tag strukturierten. Dieses Paradox ist zu verstehen, wenn wir tief ins Zen eintauchen. Die strenge Disziplin befreit von Zwängen und öffnet uns einer neuen Dimension. Wir hatten keine Funkuhr aus der Schwarzwälder Heimat, nicht einmal eine Uhr, die so präzise tickte wie die »Harrison Nr. 4«. Das brauchten wir auch nicht, denn wir hatten Kai Han; gemeint ist das Schlagen des Holzbrettes, das an der Tür zur Meditationshalle befestigt war. Es ist aus Keyaki-Holz gefertigt, ein besonders hartes und widerstandsfähiges Holz der japanischen Zelkove. Das sind wunderschöne Bäume, unseren Ulmen ähnlich. Dieses Brett wurde mehrmals am Tag geschlagen, und während ich dies schreibe, habe ich den Klang sofort wieder im Ohr: *tok-tok-tok*. Damit wachte ich auf, damit ging ich schlafen, und auch in der Zeit dazwischen war es *zu hören*.

Nun war es nicht so, dass mir jemand all das erklärte oder mir einen Zettel in die Hand drückte, auf dem in verständlicher Sprache alle Regeln erklärt waren. Für mich galt »learning by doing«. Damit kam ich gut zurande: Ich machte einfach nach, was die anderen taten, und so lernte ich mit der Zeit die Ordnung und Organisation im Kloster kennen. Die jeweiligen Begriffe ließ ich mir immer wieder vorsagen und lernte sie auswendig.

Irgendwann wusste ich, dass die Leitung des Klosters dem Jisha-ryö obliegt. Der Shika war dafür zuständig, dass alles seinen geregelten Gang ging. Um die Finanzen kümmerte sich der Füsu, um die Küche der Tenzo, während der Densu den Dienst in der Buddha-Halle verrichtete. Kamen Gäste, war der Fuzui für sie zuständig.

Alles in allem geht es immer darum, dass die Mönche sich frei machen von Störendem und Nutzlosem. Wollen Sie dazu mit mir eine kleine Übung machen? Dazu brauchen Sie nur Papier und Stift.

Praxisübung: **Was stört mich in meinem Leben?**

Schreiben Sie einfach drauflos: Was empfinden Sie als störend in Ihrem Leben? Ich schätze, da kommt einiges zusammen. Wenn Sie fertig sind, falten Sie das Papier, legen es zur Seite und sehen es eine Woche lang nicht an. Wir machen einen kleinen Zeitsprung: Wenn die Woche vorbei ist, dürfen Sie sich das Blatt wieder vornehmen. Lesen Sie es Punkt für Punkt durch. Bei jedem Punkt entscheiden Sie sich: Ist das, was Sie stört, nutzlos, oder ist es nutzbringend? Gehen Sie da hart mit sich ins Gericht. Ich kenne Menschen, die es stört, dass sie sich Tag für Tag um ihre dementen Eltern kümmern müssen. Doch es ist nutzbringend, weil sie dadurch eine neue Form der Fürsorge kennenlernen und gleichzeitig etwas zurückgeben können.

Alles, was sie stört und nutzlos ist, dürfen Sie von jetzt auf nachher aufgeben und sich davon befreien.

Alles, was Sie stört und nutzbringend ist, tun Sie von nun an mit Freude im Herzen. Im Zen nennen wir das ein »wahrhaft freies Menschenbild gestalten«.

Mir gefällt dieser Ausdruck. Hätten wir mehr wahrhaft freie Menschen, hätten wir eine wahrhaft freie Welt.

Die Fastentafel

Wenn das *pat-pat* immer schneller ertönte, gab es was zu essen. Ein Blick in die Essensschale würde hierzulande den einen oder anderen Zeitgenossen ausrufen lassen: »Na, bei euch ist Schmalhans Küchenmeister.« Das mag stimmen, denn opulente Mahlzeiten sucht man im Zen-Kloster vergeblich.

Doch Küchenmeister ist nicht Herr Schmalhans, sondern der Tenzo. Er ist der Koch im Kloster, und glauben Sie mir, sein Tun wird von allen hoch geschätzt. Zum Frühstück bereitet er den Reisbrei zu, doch seine Arbeit beginnt schon viel früher: Er organisiert die Versorgung des gesamten Klosters mit Lebensmitteln. Da sein Budget nicht dem eines Sternekochs in einem First-Class-Restaurant entspricht, ist das eine Herkulesaufgabe. Dabei bieten sich dem Tenzo viele Gelegenheiten, gute Taten anzuhäufen, und im Buddhismus bedeutet das die Möglichkeit, das Samsara, den Kreislauf der Wiedergeburt, zu durchbrechen. Aus diesem Grund ist der Tenzo meist ein Bruder, der schon viel Erfahrung gesammelt hat.

Zumindest darin unterscheidet er sich nicht vom Sternekoch. Von denen es ja welche geben soll, die ihre Schüler beim Einstiegstest die einfachsten Speisen zubereiten lassen, weil diese oft am schwersten zu kochen sind. Über Alain Ducasse, den einzigen Koch auf der Welt, der vom Guide Michelin jeweils drei Sterne für seine drei Restaurants erhielt, wird gesagt, wer bei ihm in der Küche stehen möchte, muss ihm als Erstes ein Spiegelei braten. Nur, wenn es perfekt gelingt, bekommt man eine Chance. Das klingt schon sehr nach Zen. Vielleicht sollte ich mir von Alain Ducasse ein Spiegelei braten lassen, das esse ich nämlich gern, und im Kloster musste ich darauf verzichten. Dafür gab es mittags Gerstenreis und Miso-Suppe mit eingelegtem Rettich.

Kennen Sie den Spruch, morgens soll man essen wie ein Kaiser, mittags wie ein König, abends wie ein Bettler? In unserer Überflussgesellschaft ist es eher so, dass viele Menschen zu viel essen, also immer wie ein Kaiser. Fast die Hälfte der Deutschen hat laut einer Studie der Technischen Universität München in der Pandemie heftig an Gewicht zugelegt. Als Grund gaben die Leute an, aus

Langeweile noch mehr gegessen zu haben, als sie es ohnehin schon taten.

Ich selbst habe auch ein paar Pfund mehr drauf als zu der Zeit im Zen-Kloster, und gerade faste ich wieder einmal. Ich tue das gern und faste mit einem Lächeln auf dem Gesicht, nicht mit einem Ausdruck, der besagt: *He, Leute, schaut her, ich faste und leide, ist das nicht toll?* Nein, das ist nicht toll, es verhindert die Freude.

Ich hatte jeden Tag Freude, wenn im Kloster das Mittagessen vor mir stand, welches dort »Fastentafel« genannt wurde: Man nehme drei Teile gekochten Reis, sieben Teile gekochte Gerste, dazu besagte Miso-Suppe, und der eingelegte Rettich war meistens nicht mehr ganz frisch. Dann futterten wir nicht einfach drauflos, sondern ehrten die Mahlzeit: Als Erstes rezitierten wir das Shingyö, das Herz-Sutra, das Sie schon kennen. Es dient der Beruhigung des Herzens, und mit einem beruhigten Herzen sitzt man ganz anders zu Tisch. Falls Sie sich nun ertappt fühlen, weil Sie neben dem Essen Fernsehen schauen – hm, was soll ich sagen? Ich rate Ihnen, den Kasten auszuschalten und nie wieder während des Essens anzumachen. Nach dem Herz-Sutra sprachen wir das Gokan-mon und das Saiza-no-ge. Das sind zwei uralte Texte, in denen es um den Sinn des Essens geht.

Hochinteressant finde ich eine Statistik der Deutschen Gesellschaft für Ernährung e. V., nach der jeder Mensch hierzulande 330 Kilogramm Nahrung pro Jahr zu sich nimmt. Wer es also auf fünfzig Lenze bringt, hat schon 16 500 Kilogramm Essen in sich hineingeschaufelt.

Ich drücke mich etwas derb aus, weil wir den »Sinn von Essen« so oft aus den Augen verlieren, sonst müsste es auch keine Diäten geben. Es geht um die Energie, die uns Nahrung gibt, aber auch darum, woher sie stammt. Falls wir Fleisch essen, sollte uns sehr bewusst sein, dass ein Tier sein Leben lassen musste, damit wir es auf den Teller bekommen. Wenn wir Gemüse essen, musste ebenfalls ein Lebewesen sterben, zumindest in der Anschauung von Menschen, die die Welt als beseelt betrachten.

Um solche Themen ging es auch im Gokan-Gāthā, das wir nach dem Essen anstimmten: »Eingedenk dessen, dass wir an dem Dargebrachten teilhaben dürfen, danken wir für alle Mühe, die erforderlich war, diese Mahlzeit auf den Tisch zu bringen«, heißt es darin. Dieser einfache Satz ist weltumspannend: Um die Mahlzeit auf den Tisch zu bringen, brauchte es die Kraft der Natur, den fruchtbaren Boden, den segensreichen Regen, die Arbeit des Bauern, des Händlers, des Tenzo in der Küche und selbst des Handwerkers, der die einfachen Kochgeräte geschaffen hat, die man im Zen-Kloster »hütet wie den eigenen Augapfel«. Und in dieser Aufzählung habe ich noch vielen weiteren Beteiligten gar nicht gedacht. Alles in allem geht es um Aufmerksamkeit, und dafür hätte ich eine schöne Übung für Sie. Haben Sie Lust dazu?

Praxisübung: **Vor dem Essen**

Sprechen Sie vor der nächsten Mahlzeit diesen Satz: »Ich danke für alle Mühe, die erforderlich war, diese Mahlzeit auf den Tisch zu bringen.« Und dann denken Sie an alle und alles, die dazu beigetragen haben – ähnlich, wie ich es oben beschrieben habe. Sprechen Sie jedem und allem Ihren Dank aus. Ich kann Ihnen garantieren: Sie werden Ihre Mahlzeit damit ganz besonders wertschätzen, selbst wenn sie nur aus drei Teilen gekochtem Reis und sieben Teilen gekochter Gerste bestehen sollte.

Den Garten fegen und säubern

Wird in einem Spielfilm ein fernöstliches Kloster gezeigt, sieht man oft einen Mönch, der dabei ist, mit einem Besen in der Hand den Hof zu fegen. Manchmal nutzt er auch einen Rechen, um den ohnehin schon perfekt liegenden Kies noch perfekter zu machen. Es ist ein Klischee, aber gleichzeitig auch keines. Diese tägliche Pflicht heißt Nitten-söji und bedeutet »den Garten fegen und säubern«, doch dazu gehört noch mehr: Die Meditationshalle, die Wirtschaftsräume, überhaupt alles, was der Pflege bedarf, wurde von uns Mönchen gereinigt und gepflegt. Es handelte sich aber nicht nur um eine notwendige Arbeit – die es oft gar nicht war, weil ohnehin schon alles blitzte und blinkte –, sondern um eine Form von Zazen, also eine Bewegungsmeditation. Dazu sagt

Meister Chung-féng: »Trag stets den Bambusbesen bei dir, und feg den Staub im Tempel weg!«, und ein weiterer Meister des Zen, Shén-hsiu Shang-tso, fügt hinzu: »Seid ständig bemüht, sauber zu wischen und zu fegen. Lasst den Spiegel eures Herzens nicht verstauben! Reinigt euch von den dunklen Begierden in eurem Herzen!«

Sie merken, es geht um sehr viel mehr als um das, was die Putzfrauen meiner Schwarzwälder Heimat unter Wischen und Fegen verstehen. Mich musste man übrigens niemals auffordern, meinem täglichen Nitten-söji nachzukommen, und das gewiss nicht, weil ich in meiner Zeit in Stuttgart den Unterschied zwischen der Kleinen und der Großen Kehrwoche kennengelernt hatte. Mir gefällt es, wenn sich im Alltag Gelegenheiten zu einer Zen-Erfahrung bieten. Und ich kann Ihnen versichern, Putzen macht Ihnen gleich viel mehr Freude, wenn Sie es mit höchster Aufmerksamkeit und in innerer Gelassenheit ausüben, die auch dem berühmten Zen-Meister Hsiang-yen gefallen würde. Über ihn heißt es, dass er beim Fegen durch den Ton eines kleinen Steines, der den Bambus berührte, Samadhi erlangte – also die universelle Erkenntnis über unser Dasein, die sogenannte Buddha-Natur. Hand aufs Herz: Könnte das nicht ein guter Grund sein, mal wieder die Wohnung durchzuwischen?

O, ich sprach von der Sauberkeit in unserem Kloster und vergaß fast, die Buschfliegen zu erwähnen, die uns fast auffraßen. Die kamen nicht, weil Müll herumlag, sondern weil rund ums Kloster Tee angebaut wurde. Die Pflanzen zogen Mücken an wie Magnete, und diese verirrten sich immer wieder zu uns ins Kloster. Natürlich haben wir sie nicht mit der Fliegenpatsche gejagt, auch wenn wir nicht zu diesen Mönchen gehörten, die ständig eine Maske vor dem Gesicht tragen. Das hat nichts mit Corona zu tun, sondern mit ihrer ganz besonderen Umsicht, auch nicht der kleinsten Fliege etwas zuleide zu tun, zum Beispiel durch Verschlucken.

Doch es gibt ja noch winzigere Lebewesen, derer wir gar nicht gewahr werden. Allein, wenn wir über eine Wiese laufen, beenden wir das Leben von so vielen Geschöpfen. Der Buddhismus bringt diese Tatsache ungeschminkt zur Sprache: »Leben ist Leiden«, heißt es in den Schriften, und wenn wir ehrlich sind und der Sache auf den Grund gehen, dann ist das auch so. Wir taten unser Bestes, um auch die verirrten Fliegen wieder in die Freiheit zu befördern. Und das war keine einfache Aufgabe, allein wegen der Hitze im Sommer. In einigen Landstrichen Japans herrschen enorme Temperaturunterschiede in den verschiedenen Jahreszeiten, und das war bei uns nicht anders: Im Sommer konnte es 40° Celsius heiß werden, im Winter war es bis zu minus 20° Celsius kalt. Dabei bestanden die Innenwände des Klosters nur aus Reispapier. Auch gingen wir fast das ganze Jahr über barfuß. Ich kann mich nicht erinnern, dass ich in den Wintermonaten auch nur einmal warme Füße hatte. Ich kann mich allerdings auch nicht daran erinnern, dass ich einen Schnupfen bekam, denn nach einiger Zeit war ich schon ziemlich abgehärtet.

Die Sache mit dem Warnstock

Also gut, Sie haben wahrscheinlich schon lange darauf gewartet. Zumindest werde ich immer darauf angesprochen, sobald jemand davon erfährt, dass ich Mönch im Zen-Kloster war. »Zen?«, heißt es dann. »Ist das nicht die Sache mit dem Stock? Wo man gehauen wird?«

Sagen wir es mal so: Diese Umschreibung ist sehr oberflächlich. Aber ich bin damit zufrieden, weil es zeigt: Die Leute haben schon davon gehört.

Nun will ich die Gelegenheit ergreifen und die Sache aufklären. Falls Sie mir dabei einschlafen, wird der Keisaku Sie aufwecken. So heißt nämlich der Warnstock, und das ist auch sein Sinn und Zweck. Falls ein Zen-Mönch beim Sitzen wegnickt – und glauben Sie mir, das kann jedem passieren –, wird mithilfe des Keisaku seine Aufmerksamkeit wiederhergestellt. Doch bitte, wir sind in Japan in einem Zen-Kloster, da ist alles streng geregelt. Natürlich ist es keine wilde Prügelei, es ist auch kein »Verhauen«: Alles läuft nach einem uralten Ritual ab, das ich Ihnen gern schildern möchte.

Stellen Sie sich vor, Sie sitzen in der Meditationshalle vor der Wand, zusammen mit anderen Mönchen. Es herrscht völlige Stille, jeder meditiert für sich. Vielleicht haben Sie in der Nacht davor schlecht oder womöglich gar nicht geschlafen. Die Augen fallen Ihnen zu. Der Jikijitsu – das ist einer der altgedienten Mönche – hat schon beim Eintreten beobachtet, dass Sie heute nicht so auf Zack sind. Er hat genau registriert, wie Sie Ihre Sandalen abgestellt haben, falls Sie nicht barfuß gekommen sind. Ihm ist aufgefallen, dass Sie diese nicht hundertprozentig akkurat abgestellt haben, worauf er Sie später hinweisen wird. Auch Ihre Körpersprache drückt aus, dass es Ihnen an Sorgfalt mangelt. Jetzt nicken Sie auch noch weg!

Zwei Schläge links und rechts auf die Schultern vertreiben Ihre Schläfrigkeit, das darf ich Ihnen garantieren, denn ich habe sie selbst verspürt. Zwei Schläge deshalb, weil gerade Sommer ist – im Winter wären es vier. Die Schläge spüren Sie, denn der Keisaku besteht aus japanischem Eichenholz, ist gut 1,20 Meter lang und flach gehobelt. Doch Sie wissen, der Jikijitsu meint es gut mit Ihnen. Da schwingt kein persönliches Gefühl mit, weder bei ihm noch bei Ihnen. Ganz im Gegenteil, die beiden Schläge wirken Wunder. Denn das lange Sitzen versteift die Muskeln, verspannt die Nerven – und auf einmal, wie durch Zauberei, fühlt sich alles wieder locker und gut durchblutet an. Doch es ist keine Zauberei, sondern tiefes Verständnis über den menschlichen Körper: Dort, wo der Keisaku Sie getroffen hat, verlaufen wichtige Meridiane, die nun wieder aktiviert sind. Das ist der Grund, warum Sie sich erfrischt fühlen und sehr viel leichter weitermeditieren können.

Ziemlich bald nachdem klar war, dass ich länger bleiben würde als ursprünglich geplant, erhielt ich einen Ballen Stoff, um mir eine Zen-Robe zu nähen. Später bekam ich mit, dass selbst der Kleiderwechsel im Kloster streng geregelt war. Anfang Juni, wenn draußen in der Natur die Schlangen sich häuten, wechseln auch die Mönche von der Winter- in die Sommerrobe. Davon wusste ich noch nichts, als ich mich anschickte, mit Nadel und Faden meine erste Robe zu nähen. Ich hatte zu dieser Zeit sicher mal den einen oder anderen Knopf an ein Hemd genäht, doch von der Kunst eines fleißigen Schneiderleins war ich weit entfernt. *Wie mache ich das nur?*, fragte ich mich, und weil zu Beginn die Sprachbarriere noch sehr hinderlich war, nähte ich einfach drauflos. Zum Glück sah das ein erfahrener Mitbruder, der mir, mit Händen und Füßen gestikulierend, einen entscheidenden Tipp gab: Ich sollte einfach lauter Rechtecke anfertigen. Diese wurden zusammengenäht, und fertig war die Robe. Das war selbst für einen Anfänger wie mich zu schaffen. Später im Leben habe ich noch einige Roben angefertigt, und ich kann berichten, ich bin von Mal zu Mal geschickter darin geworden.

Die Geister der Ahnen

Darf ich Sie mal was fragen? Wie sehr fühlen Sie sich eigentlich mit Ihren Vorfahren und Ahnen verbunden? Besuchen Sie die Gräber Ihrer verstorbenen Verwandten hin und wieder auf dem Friedhof? Wenigstens zu den oft novemberlich grauen Tagen an Allerheiligen und Allerseelen? Oder haben Sie zu Hause Fotos von Ihnen stehen? Ich finde ja, dass wir da ein bisschen lasch sind im Christentum.

Das ist im Zen-Buddhismus anders, und das gefällt mir. Im Kloster, aber auch in vielen japanischen Haushalten, finden Sie den Tana-gyö, den Hausaltar. Hier versammeln sich die Geister der Ahnen, die also immer anwesend sind. Diese Altäre sind hübsch geschmückt, im Sommer gern mit frischem Gemüse und Obst.

Die Geister sind im Haus willkommen, und daher gibt es zwei Rituale: Mukae-bi ist das Willkommensfeuer, mit dem man sie begrüßt, und Okuri-bi das Abschiedsfeuer, um ihnen wieder Lebewohl zu sagen. Oft wurden wir Mönche eingeladen, das Ritual durchzuführen. Wir rezitierten dann ein Tanagyö, eine spezielle Sutra für die Geister der Toten. Das war ein Liebesdienst, genannt Muzai no Nanase.

Doch nicht nur an diesen Tagen wurde den Verstorbenen gedacht. Bei jeder Mahlzeit opferten wir einen kleinen Teil den »immer hungrigen Geistern«. Falls Sie sich fragen: *Bringt mir das was?*, kann ich Ihnen eine klare Antwort geben: Ja, das bringt Ihnen was. Und warum? Weil Sie sich gut fühlen werden, wenn Sie mit liebevollem Herzen an Ihre Vorfahren denken. Nun werde ich in diesem Zusammenhang manchmal gefragt: »Und was ist, wenn meine Vorfahren auf gut Schwäbisch *Dreck am Stecken* hatten oder, noch schlimmer, innerhalb der Familie Böses geschehen ist?«

Da möchte ich gern einen Mann zitieren, der gewiss kein Zen-Mönch war, aber eine Weisheit kundtat, die jedem Zen-Meister gut zu Gesicht gestanden hätte. Ich spreche von Manfred Rommel, dem ehemaligen Oberbürgermeister von Stuttgart. Das Ganze geschah zu einer Zeit, als ich selbst als junger Bursche viel in der Landeshauptstadt war. In dieser Zeit wurde unser Land erschüttert durch die terroristischen Anschläge und Attentate der Roten Armee Fraktion. Die Anführer der RAF hatte man 1972 gefasst und in ein Hochsicherheitsgefängnis im Stuttgarter Stadtteil Stammheim gesperrt. Dort begingen sie 1977 Selbstmord, nachdem die Entführung des Flugzeugs »Landshut« zu ihrer Freipressung gescheitert war. Manfred Rommel setzte sich dafür ein, dass sie auf dem Stuttgarter Dornhaldenfriedhof begraben werden konnten. Viele Leute waren dagegen, und eine hitzige Diskussion entbrannte. Doch Rommel sagte: »Irgendwo muss jede Feindschaft enden, und für mich endet sie in diesem Fall beim Tod.« Das muss man sich erst mal trauen.

Aus Sicht des Mönchs geschah dabei noch sehr viel mehr: Wir durchbrechen den Kreislauf des Leidens, wenn wir in der Lage sind zu vergeben. Wollen Sie das mal probieren? Ganz spontan, ohne Vorlaufzeit?

Praxisübung: **Ich verzeihe dir**

»Wie auch wir vergeben unseren Schuldigern«, heißt es im »Vaterunser«. Ja, jeder von uns hat irgendwelche Schuld auf sich geladen – ich, Sie und auch jemand aus Ihrer Familie, aus Ihrem Freundes- und Bekanntenkreis. Unsere Schuld kann uns so sehr belasten, dass wir krank werden.

Dabei ist es ganz einfach: Wir können verzeihen. Wir können vergeben. Wir können anderen Menschen und uns selbst vergeben. Picken Sie sich jemanden heraus, dem Sie vergeben wollen. Sprechen Sie das einfache Mantra: »(Name), ich verzeihe dir. Ich vergebe dir. Alles ist gut.« Und wenn Sie Ihren eigenen Namen eingesetzt haben, ist das wunderbar. Wenn wir uns selbst vergeben können, können wir auch leichter unseren Mitmenschen vergeben.

Samadhi – die Erleuchtung

Seit ich hier oben in meiner Klause bin, wo ich gerade sitze und meine Erinnerungen an die Zeit als Zen-Mönch zu Papier bringe, klopft es häufig an die Tür, und jemand klagt mir sein Leid, kaum habe ich geöffnet. Recht häufig geht es darum, dass Familien sich über ein Erbe zerstreiten und kein Wort mehr miteinander reden. Oder ein Mann hat seine Frau an einen anderen Mann verloren, eine Frau ihren Mann an eine andere.

Gut möglich, dass ich demjenigen dann antworte: »Wer gibt dir eigentlich das Recht zu sagen, das ist deine Frau? Hast du sie etwa gekauft?« Klar ist das provokativ, doch es erfüllt in der Regel den Zweck. Mein Besucher stutzt, und damit ist zumindest der Jammer-Kreislauf erst mal unterbrochen. Doch ich bleibe am Ball, weil es immer um »mein« und »dein« geht: »Meine Frau, mein Mann, mein Erbe, mein Geld, mein Haus. Mein Zaun, den ich um mein Haus gezogen habe, und mein Nachbar hat ihn einfach ignoriert.«

Viele der Menschen, die an meine Tür klopfen, haben völlig vergessen, wie sie mit ihrem Gegenüber sprechen sollen. »Mit dem rede ich kein Wort mehr«, sagen sie. »Ich schau den nicht mal mehr an.« Doch offenbar belastet sie dieses Schweigen und Missachten so sehr, dass sie mitten in der Nacht den beschwerlichen Weg durch den Wald auf sich nehmen, um mit mir darüber zu sprechen. Ich frage sie dann, was sie richtig gut finden an der Person, mit der sie im Streit liegen.

»Gut? Ich hör wohl nicht richtig! Gar nichts ist gut! Dieser …«, und dann folgen viele unschöne Worte, die wir nicht in diesem Buch lesen wollen.

Ich warte, bis die Tirade abebbt. »Ich glaube, du musst an deiner Achtsamkeit arbeiten«, sage ich dann und bleibe unerbittlich. Manche Menschen staunen, dass ich nicht in ihr Gejammer einstimme, sondern ihnen die Leviten lese statt der Person, über die sie sich bei mir beklagen. Das hat einen einfachen Grund: Wir können andere nicht ändern. Wir können nur uns selbst ändern. Und mit »ändern« meine ich: Wir können unser Potenzial erweitern. Alles ist in uns angelegt. Wir kamen als perfekte Menschen auf die Welt. Gerade haben wir noch mit Gott darüber gesprochen, was unsere Aufgabe auf Erden ist, da geht das Leben auch schon los. Leider haben wir in der kurzen Zeit dazwischen vergessen, was diese Aufgabe ist. Auf der Suche danach richten wir zeitlebens ziemlich viel Unsinn an. Das geht uns allen gleich. Und so verhaken wir uns, streiten uns, reden kein Wort mehr miteinander. Mehr noch: »Ich schau den nicht mal mehr an.«

Manchmal führe ich einen derart aufgelösten Menschen zu einem meiner Lieblingsbäume und nicht in die Kapelle, um zu beten, wie mancher vielleicht erwartet. »Setz dich«, sage ich dann mit strenger Stimme wie ein Roshi im Zen-Kloster, wenn er mit seinem Unsui unzufrieden ist. »Und jetzt bleib einfach sitzen.«

Sitzen.

Nichts tun.

Wenn es klappt, auch nichts denken.

So wie wir das im Zen-Kloster in Japan praktiziert haben.

Glauben Sie mir, es dauert nicht lange, und die Tränen fließen. Die Kraft des Baumes, seine Ausstrahlung und seine ätherischen Düfte helfen dabei. Der gerade noch angespannte und zornige Mensch zerfließt fast vor meinen Augen. Er möchte den Konflikt so gern aus der Welt schaffen, aber er weiß nicht, wie. Damit sind wir schon ein Schrittchen weiter. Vorhin hieß es schließlich noch: »Ich schau den nicht mal mehr an.«

Alles, was ich heute tue, wäre nicht möglich ohne meine Erfahrungen im Zen-Kloster. Ich will es mal ganz sportlich »Training der Aufmerksamkeit« nennen. Wir sollten unsere Aufmerksamkeit täglich trainieren, was auch ganz einfach möglich ist. Sie brauchen dazu nicht mal nach Japan reisen und Unsui werden. Gehen Sie in den Wald, suchen Sie sich einen schönen Baum aus, setzen Sie sich darunter – Ihr Handy ist aus, ja? –, und tun Sie fünf Minuten lang nichts. Oder zehn Minuten. Oder eine Stunde, schaffen Sie das?

In meiner alten Heimat sagte man dazu »Löcher in die Luft gucken«, und das war nicht liebevoll gemeint, weil derjenige ja »nichts schaffte«. Doch genau das sollen Sie tun: Löcher in die Luft schauen. Nichts tun. Auch nichts wollen. Wenn Sie das hinkriegen, kann etwas geschehen. Etwas sehr Großes.

Im Zen-Kloster lautet der Begriff für Erleuchtung »Samadhi«. Von einem der großen Meister wird berichtet, dass er Samadhi erreichte, als beim Zusammenrechen des Kieses im Klosterhof ein Steinchen gegen einen Bambus kickte. Der Ton, der erklang, öffnete sein Bewusstsein, und er überblickte auf einmal alles.

Sie können sich das so vorstellen: Jeder von uns ahnt zumindest, dass wir alle auf eine geheimnisvolle Weise miteinander verbunden sind. Und mit alle meine ich alle beseelten Lebewesen, und dazu gehören auch Tiere, Pflanzen und selbst die Steine. Diese Verbundenheit reicht in die Vergangenheit zurück und in die Zukunft hinein. Tschüss, lineare Zeit, können wir da bloß sagen. Wenn Sie Samadhi erreichen, ahnen Sie das nicht nur, Sie wissen es. Sie sehen es. Sie hören es. Sie spüren es. Es ist, als hätten Sie es selbst erschaffen.

Fragt mich einer nassforsch: »Und warum hat dann nicht jeder Mensch Samadhi?«, frage ich genauso nassforsch zurück: »Würdest du es denn aushalten? Ich glaube nicht. Du würdest an dieser gigantischen Dimension zerbrechen.«

Aus diesem Grund ist Samadhi denen vorbehalten, die sich jahrelang, jahrzehntelang, ihr ganzes Leben lang darauf vorbereiten. Und selbst dann geschieht es nicht willentlich. Nicht auf Knopfdruck. Nein, es passiert, wenn der Zeitpunkt dafür gekommen ist, und oft ist der Auslöser dafür ein Klang. Warum ein Klang? Blättern Sie zurück in das Kapitel, in dem wir über den kosmischen Urklang gesprochen haben, dann wissen Sie es. Weil damit alles begann. Weil er das Alles-Existierende repräsentiert.

Ich glaube, ich kann Ihre neugierige Frage jetzt geradezu spüren: »Wie ist es mit dir, Bruder Otto? Bist du erleuchtet?« Ich will die Frage so beantworten: Ich hatte das Glück, einen Wimpernschlag lang Samadhi zu erfahren. Die Auswirkungen davon begleiten mich jedoch seit dieser Zeit. Und jetzt raten Sie mal, wie es anfing? Richtig, mit einem Klang.

Es war eine der eiskalten Nächte im Zen-Kloster. Ich habe Ihnen ja schon davon berichtet, dass minus 20° Celsius keine Seltenheit war. Dazu pfiff der Wind durch die papierdünnen Wände, und Hände und Füße fühlten sich an … o, falsch formuliert, ich fühlte sie gar nicht mehr. An diesem Abend kroch ich unter die dünne Decke und versuchte, sie wie einen Schlafsack um mich zu legen. Durch das Fenster sah ich vor dem dunklen Abendhimmel die Silhouetten der Eiszapfen, die vom Dach herabhingen. Auf einmal lösten sich zwei von ihnen. Wie in Zeitlupe fielen sie hinab. Gleichzeitig erklang ein feiner Ton, der … genau, der bei mir Samadhi auslöste. Auf einmal sah ich alles, roch alles, fühlte alles, wusste alles. Wenn Sie mich fragen, wie dieser magische Ton klang, kann ich Ihnen nur eine unzureichende Beschreibung bieten: irgendetwas zwischen Glockenspiel, Triangel, Handpan und Engelszunge vielleicht. Ich kann Ihnen auch die Tonfrequenz nicht sagen, obwohl ich Musiker bin, doch ich würde mich nicht wundern, wenn es der natürliche Kammerton war, der mit 432 Hertz schwingt und damit 432-mal in der Sekunde. Wenn Sie mit diesem Ton einen Wassertropfen beschallen, zeigt er anschließend eine kristalline und völlig symmetrische Struktur.

In dieser Nacht trieb ich irgendwo zwischen Schlaf und Wachsein. Als ich am nächsten Tag durchs Kloster ging, fühlte ich mich, als stapfte ich auf Watte. Irgendwann sagte einer meiner erfahrenen Mitbrüder nur ein Wort: »Samadhi?« Ich nickte. Er lächelte, verbeugte sich vor mir und ging seines Weges. Nach und nach kehrte ich in die Realität zurück. Meine Aufgabe auf dieser Erde war nicht erfüllt, nur weil ich Samadhi empfangen hatte. Doch im Zustand der Erleuchtung kann man nicht mehr an der realen Welt mitwirken. Daher zog sich die Empfindung zurück, ohne jedoch verloren zu gehen. Und je älter ich werde, desto stärker drängt sie sich in den Vordergrund zurück. Sie steht mir zur Seite, wenn ich Sterbebegleitung mache, sie steht mir zur Seite, wenn ich Menschen helfe, die verzweifelt meinen Rat suchen, und sie stand mir zur Seite, als mich während der Arbeit an diesem Buch die Krankheit Krebs heimsuchte, wovon ich Ihnen noch erzählen werde.

Darf ich Ihnen zum Ende dieses Kapitels noch einen Tipp geben? Wir leben in einer sehr lauten Welt, also suchen Sie die Stille, wenn Sie Ihre Achtsamkeit trainieren wollen. Achten Sie in der Stille auf Naturtöne – das Rauschen der Bäume, das Plätschern eines Bachs. Diese Töne sind unsere Verbündeten und öffnen das Tor zum Verborgenen.

8. DIE BETTELSCHALE

Wenn Sie mich heute fragen, was Samadhi für mich bedeutet, antworte ich Ihnen: »Es kann nichts schiefgehen. Alles wird gut, denn alles gehört dem Herrn, nichts gehört mir, nichts gehört dir.« Das hat eine wichtige Konsequenz: Wir Menschen meinen, wir müssten dem Herrn etwas geben, doch das braucht er nicht, es gehört ihm schon. Was er will, sind unsere positiven Gefühle, denn das ist sein Wille. Und so steht es im »Vaterunser«: »Dein Wille geschehe.«

Und der Wille Gottes sah vor, dass ich mich an einer Straßenecke in der Millionenstadt Kyoto wiederfand, als Bettelmönch inmitten des Ballungsgebietes Kansai im Südwesten der japanischen Hauptinsel Honshu. Allein in Kyoto, Osaka und Kobe lebten zu dieser Zeit schon fünfundzwanzig Millionen Menschen. Um mich herum herrschte hektisches Treiben. Fußgänger hasteten über die Straße, drängelten sich durch den nie endenden Strom von Autos, Lastwagen, Motorräder und Fahrräder. Überall klingelte, hupte, rief es. Leuchtreklamen blitzten von den Fassaden der Häuser. Hob ich den Kopf, konnte ich einen Streifen grauen Himmels sehen. Immer wieder stieß mich jemand an, lief weiter, eine Entschuldigung murmelnd. Ich war der Fels in der Brandung, der einzige ruhende Pol in diesem geschäftigen Durcheinander. Wohin gingen die Menschen, was trieb sie an, was hatten sie alles zu erledigen, wann durften sie sich endlich einmal ausruhen? Japan steckte mitten in der Wirtschaftskrise; die Sorgen der Leute waren für mich mit Händen greifbar.

Ja, ich stand als Bettelmönch an der Straßenecke, dabei ist Betteln in Japan streng verboten. Drohte mir deshalb die Verhaftung? Musste ich die Strenge des Gesetzes fürchten? Meine Gedanken wanderten zurück nach Freiburg. Wie lange war es her, dass ich die Stadt verlassen hatte, wie lange war ich bereits Zen-Mönch in Japan? Manchmal verwischten sich die Zeiten, vor allem, seit ich Samadhi erfahren hatte. Für einen kurzen Augenblick hatte ich erlebt, dass die lineare Zeit, die wir auf unseren Uhren abbilden, nur ein winziger Teil des wahren Zeitbegriffs der Schöpfung ist. Was spielte es daher für eine Rolle, ob ich drei, sechs oder neun Monate hier war? Was spielte es für eine Rolle, ob ich zum zehnten Mal, zum fünfzigsten Mal oder zum hundertsten Mal an dieser Straßenecke stand mit der Bettelschale in der Hand?

Ach ja, Freiburg. Als ich dort lebte, gehörten Bettler zum Straßenbild. Die Achtzigerjahre hatten es nicht gut gemeint mit vielen Menschen.

In Japan hatte ich aber noch niemanden entdeckt, der auf dem Gehsteig hockte und bettelte. Dabei gab es in der Krise viele Wohnungslose. In Tokio hatte die Regierung große Zeltstädte in Parks aufgebaut. Mit ihren blauen

Planen fielen sie auf, und das sollten sie auch, als Signal an die Menschen ohne ein Dach über dem Kopf: *Kommt her, ihr braucht nicht draußen im Freien zu übernachten, vor allem nicht in der bitteren Kälte der Winter.* In der Nacht durften die Obdachlosen U-Bahnhöfe aufsuchen, wo sie vor den niedrigen Temperaturen und auch vor Übergriffen besser geschützt waren. Ja, Betteln war zwar verboten, doch die Menschen in Not wurden nicht sich selbst überlassen.

Wer also einen Bettler vor sich hatte, konnte sicher sein, dass es sich um einen Zen-Mönch handelt. Oder sagen wir, fast sicher, denn es gab auch Leute, die sich als Zen-Mönch ausgaben. Fake-Bettelmönche sozusagen. Diese hatten es auf unwissende Touristen abgesehen. Falls Sie Japan besuchen, hier ein paar Tipps, wie Sie einen falschen Bettelmönch erkennen: Echte Mönche halten sich nie in Bahnhöfen auf. Sie gehen auch nicht auf Menschen zu, sprechen niemanden an und drehen den Leuten auf gar keinen Fall Glücksbringer an.

Almosen sammeln

Das Sammeln von Almosen wird Takuhatsu genannt und dient nur spirituellen Zwecken. Was immer ich erbettelte, war nicht für mich gedacht, sondern für die Gemeinschaft. Das war der Grund, weshalb ich seit geraumer Zeit an diese Straßenecke kam. Sie war mir zugewiesen worden.

Das eigentliche Geheimnis von Takuhatsu liegt nicht im Nehmen, sondern im Geben: Weil die Bettelmönche die Gaben der Menschen annehmen, können diese ihr Karma verbessern. Die Menschen bedankten sich, wenn ich ihre Gaben annahm, meistens Onigiri, japanische Reisbällchen in Algen verpackt. Denn alles, was wir tun oder lassen, wirkt sich auf das Karma aus. Wer mir an dieser Straßenecke also etwas gab, stärkte dadurch sein Karma. Deshalb sind Bettelmönche ein wichtiger Bestandteil der japanischen Gesellschaft.

An jenem Tag ahnte ich nicht, dass etwas Außergewöhnliches geschehen würde. Auf einmal kam diese alte Frau auf mich zu. Es fiel ihr schwer, sich von den eiligen Menschen um sie herum nicht abdrängen zu lassen. Doch sie hatte ein klares Ziel, und das war ich. Ich kannte sie vom Sehen, sie kam fast jeden Tag. Ihre Gabe bestand aus einigen von Hand gefertigten Onigiri, die sie mir in die Holzschale legte. Jedes Mal trafen sich unsere Augen, jeden Tag tauschten wir einen Blick. Ich wusste nicht, wer sie war, ob sie in der Gegend wohnte, Familie hatte, in welchen Verhältnissen sie lebte. Trafen sich unsere Blicke, spürte ich, dass sie ein guter Mensch war. Sie murmelte ihren Dank, wenn ich das Herz-Sutra anstimmte, das »Hannya Shingyō«, das von der Auflösung der Anhaftung spricht. Das war es, was ich als Bettelmönch zurückgab: Ich betete für die Menschen, damit es ihnen gut ginge.

An diesem Tag spürte ich, wie die alte Frau mir Onigiri in die Schale legte. Dann legte sie noch etwas dazu und ging ihres Weges. Doch diesmal befand sich etwas Außergewöhnliches in der Schale. Ich wagte kaum, nachzusehen. Als ich es doch tat, erstarrte ich.

Ein Schokoriegel kann eine Prüfung sein

Um das nachvollziehen zu können, will ich Ihnen noch einmal meine Situation schildern: Ich war nach Japan gekommen, um ein paar Tage im Zen-Kloster meines Meisters aus Freiburg zu schnuppern. Ich verstand die Sprache und die Regeln nicht, doch ich war Willens zu lernen. So wurden aus Tagen Wochen und Monate. Nichts schreckte mich ab: nicht die strenge Disziplin, nicht die Loslösung von Besitz, weder die Hitze im Sommer noch die Kälte im Winter, genauso wenig das karge Essen. Tagein, tagaus drei Teile gekochter Reis, sieben Teile gekochte Gerste – aus meinem Mund kam keine Klage. Und nun lag in meiner Bettelschale ein Schokoriegel! Was er in mir auslöste, war ungeheuerlich: zum einen die Begierde, ihn auf der Stelle zu verschlingen, zum anderen die Stimme, die mich daran erinnerte, dass nichts in meiner Bettelschale mir gehörte. Alles gehörte der Gemeinschaft. Was also tun?

Heute ist mir längst klar: Dieser Schokoriegel wurde mir als Prüfung in die Schale gelegt. Ich war weit gekommen für einen, der nicht der japanischen Zen-Tradition entstammte, sondern buchstäblich ins kalte Wasser gesprungen war. Wie außergewöhnlich mein Durchhaltevermögen war, zeigte sich immer wieder, wenn Gäste ins Kloster kamen. Für diese wurden an den Wochenenden Veranstaltungen organisiert, die wir hier »Schnupper-Tage« nennen würden. Es kamen junge, ambitionierte Männer aus aller Herren Länder. Schon nach dem ersten

Sitzen waren wir weniger, und am Ende der Schnupper-Tage hatten sich die meisten längst aus dem Staub gemacht. Für mich dagegen war es eine Selbstverständlichkeit, jeden Tag aufs Neue am Ball zu bleiben. »Läuft«, hätte ich nonchalant auf die Frage geantwortet, »Sag mal, Otto, wie geht es dir eigentlich?«. Und das stimmte auch, alles lief prächtig. Ich war Mitglied des Klosters geworden, von den Brüdern akzeptiert und geschätzt. Ich hatte Samadhi erfahren, was mehr ist, als die meisten Zen-Schüler jemals erleben. Ja, es war höchste Zeit für eine Prüfung. Nur dass diese nicht durch einen strengen Roshi kam, sondern in Form eines Schokoriegels.

Esse ich den Schokoriegel?
Esse ich ihn heimlich?
Wenn ja, mache ich mich dann nicht schuldig gegenüber den Regeln des Klosters?
Wenn nein, mache ich mich nicht schuldig gegenüber Gott, der Freiheit über das Regelwerk der Menschen stellt?

Sie sehen, so ein Schokoriegel kann ganz schön große Fragen aufwerfen. Ich kam zu dem Schluss, dass ich den Riegel nicht sofort esse, und damit war schon eine erste Hürde genommen. Wenn man so will, hatte ich den Marshmallow-Test bestanden.

Den kennen Sie, oder? Der amerikanische Psychologe Walter Mischel machte sich damit in den Sechzigerjahren einen Namen. Er geht so: Vor einem Kind liegt auf einem Tisch ein Marshmallow. Später hat man den Test mit Überraschungseiern und, klar, auch mit Schokoriegeln durchgeführt, das spielt keine Rolle, Hauptsache, die Probe ist süß und verführerisch. Nun sagt der Versuchsleiter dem Kind, dass es die Süßigkeit sofort essen darf. Wenn es aber eine gewisse Zeit damit wartet, bekommt es als Belohnung eine weitere Süßigkeit. Die meisten Kinder greifen sofort zu, ganz nach dem Motto, »lieber den Spatz in der Hand als die Taube auf dem Dach«. Das ist aber noch lange nicht alles: Langzeitstudien ergaben, dass die Kinder, die widerstehen konnten, später im Leben wesentlich erfolgreicher waren als Kinder, die sofort zugriffen. Daraus folgerte die Wissenschaft, dass Geduld und Selbstdisziplin der Schlüssel zum Erfolg sein müssten. Da mag was dran sein. Ich kann dem Ganzen noch eins draufsetzen: Vielleicht haben die Kinder, die warten konnten, das Große und Ganze im Blick gehabt, sozusagen das Göttliche. Kinder können das oftmals viel besser als wir Erwachsene. Ihnen war klar, dass die spätere Belohnung viel süßer schmeckt, weil es nämlich eine echte Belohnung ist für das Warten und für das Wertschätzen. Und genau das offenbarte mir der Schokoriegel:

Ich bin zu dir gekommen durch die gebende Hand dieser alten Frau. Du hast seit langer Zeit nichts mehr so Gutes wie mich gekostet. Verschlingst du mich aus lauter Gier, oder kannst du mich wertschätzen?

Durch meine freie Willensentscheidung, den Schokoriegel wertzuschätzen und ein gutes Gefühl dabei zu haben, erfüllte ich den Wunsch des Herrn, der nichts anderes von uns möchte. Da war es nicht wichtig, dass ich das menschengemachte Regelwerk des Klosters doch noch brach. Als ich an diesem Abend auf meiner Matte lag, öffnete ich den Riegel behutsam. Ich strich das Papier glatt und faltete es. Ich schnupperte an der Schokolade, erst dann biss ich ein Stückchen ab. *Herr im Himmel* – in meinem Mund explodierten alle Geschmacksknospen. Ich hatte vorher nicht – und hinterher nie wieder – etwas gegessen, das köstlicher schmeckte. Stückchen für Stückchen nibbelte ich an dem Riegel, gefühlt dauerte es so lange wie eine Zen-Sitzung. Danach dankte ich der alten Frau für ihre Gabe, mit der sie mir eine kleine Freude hatte machen wollen, die durch diese Prüfung zu viel mehr geworden war.

Ich fühlte mich glücklich und angenommen. Nachdem ich all die Disziplin und die Pflichten eisern ertragen und meinem Namen Otto Stahl alle Ehre gemacht hatte, erfuhr ich etwas, das über allem steht: Der Herr hat uns die Entscheidungsfreiheit als oberstes göttliches Prinzip geschenkt. Es ist unsere Lebensaufgabe, damit richtig, gut und sinnvoll umzugehen.

9. AUF NACH TIBET

In der Mitte des 19. Jahrhunderts drangen beunruhigende Nachrichten in jene kleine Ecke der Welt, in der ich heute lebe. Damals war der Schwarzwald noch eine weitaus einsamere Gegend. Die Bauernhöfe oben in den Bergen lagen meist einen Fußmarsch von ein bis zwei Stunden voneinander entfernt. Bis runter in die Täler, wo sich Dörfer und Städte befanden, konnte es noch länger dauern. In diese Bauernhöfe gelangten um 1860 die ersten Tageszeitungen. Zu den Pionieren dieser Epoche zählte die »Mainzer Allgemeine Zeitung«, die zehn Jahre zuvor gegründet worden war. Ein- bis zweimal pro Woche wurde sie den Abonnenten per Pferdekurier zugestellt, selbst wenn sie auf weit entfernten Bauernhöfen lebten.

Schon damals stand in der Zeitung das, was sich auch heute noch am besten verkauft: schlechte Nachrichten. Nun stellen Sie sich Menschen vor, deren Horizont bislang nur auf die umliegende Region begrenzt war. Auf einmal erfuhren sie von grausamen Kriegen am anderen Ende der Welt, von Tausende Kilometer entfernten Hungersnöten, von Not und Verzweiflung weit weg von ihrer Heimat. Für die neuen Zeitungsleser war das sehr verstörend. Sie konnten gar nicht anders, als sich immer wieder darüber zu unterhalten. »Hast du gelesen, was in China passiert ist?« »Weißt du schon das Neueste über den Bürgerkrieg in Amerika?« Chronisten berichten, wie landauf, landab die Arbeit auf Äckern und Weiden ruhte, weil die Menschen sich vor lauter Sorge, was in der Welt gerade geschah, nicht mehr darum kümmern konnten. Einige wurden regelrecht krank. Kommt Ihnen das bekannt vor? Wir sind zwar mit Zeitungen aufgewachsen, und auch mit Internet, Facebook, TikTok und Instagram längst vertraut, doch viele Menschen können mit der Masse an schlechten Nachrichten, die täglich auf uns einprasseln, nicht umgehen. Es geht uns heute nicht anders als den Bergbauern im Schwarzwald vor hundertfünfzig Jahren.

Wir können nicht das ganze Leid der Welt auf uns laden. Wir können nur unsere eigene kleine Welt in Ordnung bringen, und das ist schon mehr als »nur«, stimmen Sie mir zu? Und dazu müssen wir mit uns im Reinen sein. Das wiederum beschreibt den Weg des Zen. Ein Zen-Mönch zieht sich zurück, um sich nicht überall reinziehen zu lassen, und arbeitet hart daran, um mit sich ins Reine zu kommen. Ist er damit erfolgreich, kann er in die Welt zurückkehren, was manche auch tun. Ich habe Roshis kennengelernt, die ihren Zen-Weg erfolgreich gingen, um dann das Kloster zu verlassen und eine Familie zu gründen. In der katholischen Kirche ein Tabubruch, im Zen-Buddhismus nicht.

Im Gesundheitshaus

Während ich schreibe, hat sich meine Krankheit verschlimmert. Zweimal bin ich schwer an COVID erkrankt durch Kontakt mit infizierten Menschen während der Sterbebegleitung. Wegen meiner heftigen Rückenschmerzen biss ich die Zähne zusammen – das kann ein ehemaliger Zen-Mönch gut –, doch das half nichts. Und seit der Diagnose Lungenkrebs bin ich viel in Krankenhäusern. Dort bekomme ich mit Sicherheit die beste Behandlung. Die Ärztinnen und Ärzte sind top ausgebildet. Auch ist alles da, was die Medizin an modernen Geräten bereitstellen kann. Es mangelt an nichts, nur an Zeit. Die Menschen, die sich um mich kümmern, arbeiten rund um die Uhr, so kommt es mir zumindest vor. Aber statt eines Krankenhauses wünsche ich mir ein »Gesundheitshaus«. Ein Ort, in dem mich der Heiler in den Arm nimmt und sagt: »Bruder Otto, wir schaffen das.«

Ich weiß, wovon ich spreche, denn genau so habe ich es im Zen-Kloster erlebt. Unser Gesundheitshaus trug den wunderbaren Namen »Halle zur Verlängerung des Lebens«. Ist das nicht poetisch schön? Glauben Sie mir, es macht für die Seele einen enormen Unterschied, ob Sie in die Halle zur Verlängerung des Lebens gebracht werden oder ins Krankenhaus. Gesund werden wir vor allem dann, wenn wir daran glauben. Davon ist auch die Schulmedizin überzeugt, sonst würde sie nicht auf den Placebo-Effekt setzen und ihn in Doppelblindstudien und neuerdings auch Dreifachblindstudien erforschen.

Wo aber glauben wir stärker daran, gesund zu werden: im Gesundheitshaus oder im Krankenhaus? Die Antwort liegt auf der Hand.

Im Zen-Kloster war ich nie krank, trotz der Kälte im Winter und der kargen Mahlzeiten. Trotzdem verbrachte ich sehr viel Zeit in der Halle zur Verlängerung des Lebens, um Patienten zu versorgen. Das war mein erster Kontakt zur Welt der Heiler, aus dem sich später meine Berufung entwickelte. Mir gefiel, dass ein Patient stets zwei Helfer zur Seite hatte: Der eine sorgte für den Körper, der andere für den Geist. Jedem Patienten wurde das Gefühl hoher Wertschätzung vermittelt.

Wie habe ich das vermisst, als ich zu Beginn meiner Krebserkrankung einem Oberarzt gegenübersaß, der mich keines Blickes würdigte, sondern in seinen Computer starrte, während er mit mir sprach. Alles an seiner Haltung war wie ein Vorwurf, als würde ich ihm seine Lebenszeit stehlen. Ich dachte an die Aufmerksamkeit zurück, die wir im Zen-Kloster unseren Patienten angedeihen ließen. Wir hatten nicht die technische Ausstattung, die den zivilen Krankenhäusern in Japan zur Verfügung standen. Dafür hatten wir viel uraltes Wissen über traditionelle Heilmethoden, die sehr wirksam waren.

Da der Mensch im geheimen Takt der biologischen Uhr tickt, wirken die Rhythmen der Natur sowie die Schwingungen heilender Klänge auf unser ganzes Leben ein. In der östlichen Welt war dies immer schon ein wesentlicher Bestandteil der Heilkunde und der Therapie. In der westlichen Welt beginnt die neurobiologische Forschung, sich dieser spannenden Thematik anzunehmen, und hat inzwischen herausgefunden, wie gut Musiktherapie die Hightech-Medizin unterstützt.

Bei uns im Zen-Kloster wurden Schwingungen mithilfe von Glöckchen ausgeglichen. Sterbende Menschen legten wir auf eine Art große Harfe, deren Klänge beruhigend wirkten. Hierzulande werden mithilfe von Monochords und Muttertrommeln – das sind bis zu zwei Meter große Trommeln, unter die man sich entspannt legt – in der Klangtherapie alle Körperzellen aktiviert, was für Wohlbefinden und Gesundung sorgt.

Als der Krebs sich in meinem Körper ausbreitete, habe ich viel mit der Kraft des Gebetes, mit Klängen und mit säurebetonter Nahrung gearbeitet. Viele Menschen haben für mich gebetet. Als ich kürzlich zu einer weiteren Untersuchung in die Klinik kam, staunten die Ärzte, weil sich der Tumor verkleinert hatte, noch bevor die schulmedizinische Therapie so richtig begonnen hatte.

Wie heißt es so schön? Es gibt vieles zwischen Himmel und Erde, das wir nicht verstehen, und mal ehrlich: Ist das nicht auch gut so? Stellen Sie sich vor, wir wüssten alle Antworten. Was wäre dann das Leben ohne Suche? Alle Welt redet von Erleuchtung – doch wer macht sich darüber Gedanken, was ein erleuchteter Mensch mit seinem weiteren Leben anfängt? Meine Samadhi-Erfahrung gab mir die Gewissheit, dass ich nicht allein bin und alles mit allem verbunden ist. Trotzdem waren damit längst nicht alle meine Fragen beantwortet. Ich bin weiterhin ein Suchender. Wäre das nicht der Fall, hätte ich viele wertvolle

Erfahrungen nie gemacht, was wirklich schade wäre. Zu diesen Erfahrungen gehörte auch mein Aufenthalt in Tibet.

Meine Zeit im Himalaja

Ich hatte das Glück, dass mich der Roshi häufig auf Reisen zu anderen Zen-Klöstern mitnahm. Eines Tages fassten wir den Plan, einen Kindergarten in Tibet zu bauen. Natürlich hatte es schon vor meiner Zeit Verbindungen vom Zen-Kloster nach Tibet gegeben. Doch nun war die Zeit reif für dieses Vorhaben. Für den Roshi war klar, dass wir dazu das Einverständnis des Dalai Lama einholen mussten, bevor wir uns auf den Weg machten. Damit bekam unser Vorhaben natürlichen einen politischen Anstrich – doch ist das nicht immer der Fall, wenn es um Tibet geht?

Nur eine kurze Zeit zwischen 1913 und 1951 war es den Tibetern vergönnt, eigenständig zu sein. Davor und danach bestimmten Fremdherrscher, wie Großbritannien und China, die Geschicke des Landes, oft mit großer Brutalität. Chinesische Truppen zerstörten in den Sechzigerjahren Tausende Klöster im Land. 1959 musste der Dalai Lama über die Berge des Himalaja nach Indien fliehen. Tenzin Gyatso war damals vierundzwanzig Jahre alt und der chinesischen Führung als der 14. Dalai Lama ein Dorn im Auge. Nach einigen Zwischenstationen residiert er bis heute in der nordindischen Stadt Dharamsala. Interessanterweise bedeutet dieser Name »Pilgerherberge«. Und genau das ist das 35 000 Einwohner zählende Städtchen nicht nur für den Dalai Lama geworden, sondern auch für Tausende Exiltibeter. In Anspielung an die tibetische Hauptstadt spricht man deshalb auch von »Little Lhasa«.

In der Zeit, als wir in Dharamsala den Dalai Lama aufsuchten, war der Ort kleiner. Das geistliche Oberhaupt der Tibeter hatte noch nicht die weltweite Bekanntheit von heute und war damals noch Chef der Exilregierung. Erst 2011 trat er von seinen politischen Ämtern zurück.

In Tibet ist es übrigens streng verboten, seinen Namen auszusprechen, und man sollte wirklich vorsichtig sein, denn die Lage ist angespannt, und die Ohren der chinesischen Machthaber sind überall. Trotzdem ist der Dalai Lama omnipräsent, und er gehört heute zu den Lichtgestalten unserer Erde.

Als wir ihn besuchten, hatte ich den Eindruck, er habe seinen Platz im Leben noch nicht gefunden. Wir trugen ihm unser Anliegen vor, aber es kam mir so vor, als ob er nicht wirklich bei der Sache wäre. Meine Brüder und ich waren irritiert, weil er in einem fort kicherte, während wir eine ernste Angelegenheit vortrugen. Es ging immerhin um das schwere Schicksal der Kinder in seiner Heimat. Doch was am Ende zählte, war sein Einverständnis, dass wir den Kindergarten errichten durften. So konnten wir zufrieden die Weiterreise antreten.

Sollten Sie selbst irgendwann einmal nach Tibet reisen oder schon dort gewesen sein: Die Hauptstadt Lhasa liegt auf 3650 Meter Höhe. Da kann es gut sein, dass Sie in Ihrer

Pension neben dem Bett einen mysteriösen Gummiballon finden, an dem ein Schlauch befestigt ist. Im Ballon befindet sich reiner Sauerstoff, falls Sie aufgrund der dünnen Luft in Atemnot geraten. So etwas gab es damals noch nicht, dafür erhielten wir den guten Ratschlag, uns Zeit zu nehmen für die Akklimatisierung.

Ich stand allerdings derart in Saft und Kraft, dass ich vom ersten Tag an hätte Bäume ausreißen können, die es jedoch nirgendwo gab. Ich verlor sofort mein Herz an Tibet mit seinen gigantischen Bergen und der überall präsenten geistlichen Welt, auch wenn die Chinesen noch so viele Klöster und heilige Stätten zerstört hatten. Ich entdeckte zahlreiche Kraftplätze, oftmals nur markiert durch einen unscheinbaren Haufen Steine, die im Buddhismus »Stupa« genannt werden. In der Hauptstadt Lhasa staunte ich über den Potala-Palast, bis zu seiner Vertreibung die offizielle Residenz und der Regierungssitz des Dalai Lama. Mit dem Adjektiv »riesig« sind die Ausmaße dieses Palastes nicht annähernd zu beschreiben. Während die Wohnung des Dalai Lama nur einen winzigen Teil einnahm, waren die unterirdischen Hallen gigantisch, in denen sich die Grabstätten einiger Reinkarnationen des Dalai Lama befinden.

Trotzdem war ich froh, als wir die Stadt verließen und uns über abenteuerliche Straßen und Pisten unserem Ziel näherten, das im nordöstlichen Teil des Landes auf über 4000 Meter Höhe lag. Dort herrschten zu dieser Zeit Temperaturen im Minusbereich – 0° Celsius galt da schon als warm. Dort traf ich auf Menschen, die sich abends in ein nasses Leinentuch hüllten und so die ganze Nacht hindurch meditierten. Am anderen Morgen war das Tuch restlos trocken. Keiner bekam eine Erkältung. Diese körperliche Herausforderung faszinierte mich.

Ich freute mich auf den Job, für den der Roshi mich auserkoren hatte: In der Nähe eines auf einem Berg gelegenen Klosters sollte der Kindergarten errichtet werden. Dort hinauf musste allerhand Baumaterial geschleppt werden, darunter ganze Baumstämme. Das war meine Aufgabe für die nächsten zwei Monate. Wenn man so will, war das eine andere Form des Kinhin, der Meditation im Gehen. Nur dass ich dazu noch einen Packen Holz auf dem Rücken trug und damit einen steilen Berg hinaufkraxelte. Bald war mein Gesicht braun gebrannt, denn in Tibet scheint an rund dreitausend Stunden im Jahr die Sonne.

Das Kloster gehörte den Rotmützen, eine der alten Schulen im tibetischen Buddhismus. Wie in Samye, dem ältesten Rotmützen-Kloster des Landes am Fuße des 5000 Meter hohen Gotkarla, konnte ich auch hier trotz der chinesischen Vorherrschaft das spirituelle Leben spüren. Archaisch ging es zu in dieser entlegenen Gegend: Starb ein Mitglied der Gemeinschaft, wurde der Leichnam auf den Gipfel des Berges getragen und dort zerteilt, damit die Geier ihn holen konnten. Diese Himmelsbestattungen gibt es auch in einigen Regionen der Mongolei oder in Indien, wo die Parsen ihre Toten auf offenen Türmen bestatten.

Während meine Begleiter die Nächte im Kloster verbrachten, war ich bei einer Familie untergebracht. Am Anfang waren sie skeptisch, weil ich fast doppelt so groß war wie sie. Es dauerte aber nicht lange, und sie hatten mich in ihr Herz geschlossen – und ich sie ebenfalls. Dort bekam ich auch meinen ersten Buttertee zu trinken. Über dieses Getränk haben Sie vielleicht schon einmal gelesen, dass es entweder ranzig oder ganz und gar ungenießbar ist. Tja, dann habe ich entweder einen anderen Geschmack oder war schon selbst ein halber Tibeter. Jedenfalls habe ich den Buttertee zu schätzen gelernt, weil er auf geradezu magische Weise die Kälte in Schach hält. Besser als jeder Schnaps, und das sagt Ihnen ein Schwarzwälder, dessen Vorfahren Kirschwasser zu ihrer Frühstückssuppe getrunken haben.

Als der Kindergarten fertig war, und wir uns zur Abreise rüsteten, nahm mich das Familienoberhaupt noch einmal zur Seite. Es sei üblich, sagte er, einen letzten Buttertee für den scheidenden Gast zuzubereiten. Diesen würde man aber nicht trinken, sondern ins Fenster stellen bis zu dem Tag, an dem der Gast zurückkehrt. Und genau das wolle er jetzt tun.

Sie können sich vorstellen, wie tief ergriffen ich war. Ich hatte in diesem Land tiefe Spiritualität erlebt und die herzliche Gastfreundschaft von freundlichen Menschen, die in dieser gewaltigen Natur lebten, die uns jeden Tag vor Augen führte, welches Wunder unsere Erde doch ist.

Neuanfang in Deutschland

Kaum waren wir in unser Kloster zurückgekehrt, hatte mich auch schon wieder der Klosteralltag mit seiner Routine im Griff. Sobald ich aber die Augen schloss, hatte ich noch lange die gigantische Bergwelt Tibets vor mir mit dem stahlblauen Himmel, der sich wie ein Zelt darüberspannte, und den kleinen Rauchsäulen, die von weit verstreuten Eremitagen nach oben stiegen. So verlor ich den Bezug zum menschlichen Konzept der linearen Zeit, auch wenn das altbekannte *tok-tok-tok* meinem Tag Struktur verlieh. Und so kann ich heute nicht mehr sagen, welcher Wochentag es war, als der Roshi mich plötzlich zu sich bat. Mittlerweile waren meine Kenntnisse der altjapanischen Sprache gut genug, um jedes Gespräch führen zu können. Auf dieses hätte ich aber nur zu gern verzichtet.

»Bruder Otto«, sagte der Roshi, »du musst uns leider wieder verlassen.«

Ich fiel im wahrsten Sinne des Wortes aus allen Wolken. Warum, um alles in der Welt, sollte ich von hier weggehen? Ich hatte hier meine Bestimmung gefunden, meine Berufung, meinen Platz im Leben. Ich hatte Samadhi erfahren, arbeitete mit Freuden für die Menschen, die Pflege brauchten, und betete für die, die draußen ihren harten Alltag lebten. Ich ging den Weg des Zen – und wusste damals noch nicht, dass es meine Aufgabe sein sollte, diesen Weg außerhalb des Klosters weiterzugehen, ihn in Deutschland neu aufzunehmen und mit der christlichen Tradition zu verknüpfen.

»Das ist die Anordnung der Behörden«, fuhr der Roshi fort. »Ausländer dürfen nicht für immer bleiben, selbst wenn sie Mönche sind.«

Damit war klar, dass mich mein Weg zurück in die alte Heimat führen würde, die in meinen Gedanken kaum noch existierte. Seit fast drei Jahren war ich nicht mehr in Freiburg gewesen, hatte weder Kontakt mit meiner Familie noch mit meinen alten Freunden. Diese Welt schien mir genauso fern und fremd wie Japan, als ich mich auf den Weg hierher machte. Doch Zaudern und Zögern halfen nichts und wären auch gar nicht mit der Disziplin eines Zen-Mönchs vereinbar. Der Roshi versicherte mir, dass mein Rückflugticket nach wie vor gültig sei, ganz so, wie er es mir bei unserer ersten Zusammenkunft gesagt hatte. Dann war auch schon die Zeit des Abschieds gekommen.

An den Rückflug nach Deutschland kann ich mich kaum noch erinnern. Umso stärker ist mir im Gedächtnis, was ich Ihnen bereits erzählt habe: Meine ehemaligen Freunde hatten mich für tot gehalten und meinen Besitz verscherbelt und waren wenig erpicht darauf, dass ich mich wieder in ihrem Leben breitmachte.

In Nürnberg erhielt ich nach ein paar Monaten die Nachricht, dass der Roshi verstorben sei und ich einer der Kandidaten für seine Nachfolge. Ich würde die japanische Staatsangehörigkeit erhalten und für immer bleiben können. Diese Wertschätzung und Ehre berührten mich zutiefst. Mir stellten sich zwei wichtige Fragen: *Bist du schon bereit, ein Zen-Kloster in Japan zu führen, auch mit den vielen bürokratischen Aufgaben, die dazugehören?* Und dann war da noch die große Frage des ständig Suchenden: *Was genau sind mein Weg und meine Aufgabe?*

War meine Zeit im Zen-Kloster nur ein Teil dieses Weges, oder sollte daraus meine Hauptaufgabe entstehen, falls ich mich entschied, Roshi zu werden? Mein jetziges Leben bewegte sich zwischen einer bürgerlichen Existenz und Auszeiten im Kloster. Dabei lernte ich den christlichen Mystiker Hugo M. Lassalle kennen, ein Pionier im Dialog zwischen Zen-Buddhismus und Christentum.

Er war 1929 als Jesuiten-Pater nach Japan gegangen, wurde ab 1943 in Hiroshima in Zen unterrichtet und überlebte wie durch ein Wunder den verheerenden Atombombenangriff der Amerikaner von 1945, nur knapp einen Kilometer von der Explosion entfernt. Anders als ich wurde er japanischer Staatsbürger. Er errichtete die Weltfriedenskirche in Hiroshima und war auch in Deutschland tätig: 1977 gründete er das Meditationshaus Kloster Dietfurt, das als ältestes christliches Zen-Kloster im deutschsprachigen Raum gilt. Hier begegneten wir uns nach meiner Rückkehr aus Japan. Natürlich kritisierten Theologen Lassalles Verbindung des Christentums mit dem Buddhismus heftig, doch inzwischen gilt er als wichtiger Brückenbauer zwischen Zen und Christentum, und seine Arbeit wurde von Papst Franziskus offiziell anerkannt. Hugo Lassalle hat mich in meiner Entscheidung, nicht nach Japan zurückzukehren, insoweit beeinflusst, als mir durch seinen Lebensweg klar wurde: Es ist wichtig, dass es solche Brückenbauer gibt. Mehr noch: Wir können gar nicht genug davon haben in einer Welt, in der so viele Menschen Scheuklappen tragen und nicht über ihren Tellerrand hinausblicken wollen.

Und genau das wollte ich auch tun: meine Erkenntnisse als Franziskaner- und als Zen-Mönch mit den Erfahrungen meines bürgerlichen Lebens verknüpfen, um den Menschen zu helfen. Ich verstand ihre beruflichen und privaten Probleme, weil ich die alle auch mal gehabt hatte. Dafür konnte ich Lösungen anbieten, die der Spiritualität Raum gaben. Und wenn ich das von einem Ort aus tun könnte, an dem ich selbst Frieden fände – mit Abstand zur lauten Welt und doch nahe genug, um helfen zu können –, dann würde ich auch hier in Deutschland Glück erfahren.

Diese Gedanken waren damals noch nicht so konkret wie heute, während ich sie niederschreibe. Aber bestimmt kennen Sie das auch, wenn Sie Ihren Lebensweg in der Rückschau betrachten. Und doch waberten diese Überlegungen ständig durch meinen Kopf und bildeten die Grundlage für meinen weiteren Lebensweg, der mich nach einigen Umwegen in die Klause Sankt Jakob führte. Da sitze ich gerade und freue mich darauf, Ihnen zum guten Schluss ein wenig aus meinem Alltag als Eremit zu erzählen, der »fern der Welt und doch mittendrin ist«.

10. IN DEN SCHWARZWALD

Erlauben Sie mir, dass ich ein wenig ins Schwärmen gerate? Ich war eben im Wald, der die Kapelle Sankt Jakob umgibt, und habe noch immer den würzigen Duft der Bäume in der Nase. Hmmm! Wieder einmal war ich verlockt, einfach weiterzugehen. Hier kann ich sehr lange unterwegs sein, ohne den Wald verlassen zu müssen. Auch wenn der Schwarzwald inzwischen von vielen Straßen und Forstwegen durchzogen ist, gibt es sie noch, die schier endlosen Waldgebiete mit ihren poetischen Ortsnamen. Wie ist der Bärenfelsen im Schondelgrund, einsam im Forst zwischen Wolfach und Hornberg gelegen, wohl zu seinem Namen gekommen? Was hat sich am Teufelstein abgespielt, zu dem ich gelange, wenn ich von Wolfach über den Spitzfelsen ins Vordertal wandere? Dort stoße ich auf Bauernhöfe mit den Namen der Familien, die sie über Generationen hinweg bewohnt und bewirtschaftet haben, etwa der Abrahamhof auf dem Bühl, unweit von meiner Klause, der Bartleshof oder der Jakobshof in der Nähe der Erzwäsche. Die historischen Ortsbezeichnungen erinnern an alte Schwarzwälder Handwerkstraditionen, zum Beispiel, als man Erz und Silber aus Hunderten von Stollen schürfte und Glas herstellte. In der Dorotheenhütte in Wolfach wird auch heute noch Glas produziert.

Allerdings erinnert mich der Wald auch daran, wie gierig ihn die Menschheit in allen Jahrhunderten ausgebeutet hat. Abermillionen Bäume wurden im 17., 18. und 19. Jahrhundert gefällt und von Wolfach aus bis zum Rhein geflößt, um dort in gigantischen Flößen in Richtung Rotterdam geschippert zu werden. Man sagt, die Städte Amsterdam und Venedig stünden auf Schwarzwälder Tannen, und auch die Flotte des britischen Königs sei aus diesen Brettern gezimmert worden. Was die Holzfäller nicht vernichteten, verbrannten Köhler zu Pottasche für die Glasherstellung. Da sich keiner um die Wiederaufforstung kümmerte, gab es den Schwarzwald Mitte des 19. Jahrhunderts nicht mehr. Erst als selbst der geldgierigste Holzhändler einsah, dass es so nicht weitergehen konnte, kümmerte man sich darum, Bäume wieder aufzuforsten. Dafür wählte man die Fichte, da diese schnell wächst. Das führte zu Monokulturen, mit denen der Orkan »Lothar« an Weihnachten 1999 leichtes Spiel hatte.

Seither ändert sich das Bild des Schwarzwalds wieder: Heute wird Mischwald aufgeforstet, der mein Herz erfreut. Zwar finden sich darin kaum noch die uralten »Holländer«, wie man Tannen nannte, die bis zu 60 Meter hoch waren, dafür gibt es umso mehr Buchen, Kastanien, Birken, Ahorn und Eichen. Natürlich habe ich überall meine Lieblingsplätzchen, bei denen ich ganz genau weiß, wann sie von der Sonne beschienen werden oder wann ein kühler Schatten auf sie fällt. Ich weiß auch, wo im Unterholz die schmackhaften und gesunden Kräuter wachsen, die ich so liebe. Auch heute war ich ihretwegen im Wald. Ich bin bekannt dafür, dass mein Gärtchen vor der Klause etwas wild aussieht – ganz ehrlich, ich kann nichts mit Gärten anfangen, in denen das Gemüse in Reih und Glied steht wie Soldaten auf dem Exerzierplatz. Nein, bei mir darf alles wachsen und wuchern nach der Laune der Natur. Ist es da ein Wunder, dass ich ein ausgesprochener Fan von Wildkräutern bin? Ob Giersch, Gundermann, Brennnessel oder Löwenzahn – sie alle stecken voller Saft und Kraft.

Pflücken Sie ruhig mal die grünen Blattrosetten von Gänseblümchen, und geben Sie junge Löwenzahnblätter dazu. Fertig ist ein würziger Sommersalat! O ja, ich weiß, Hobbygärtner fürchten den Giersch, weil er sich mit seinen unterirdischen Ausläufern im ganzen Garten ausbreitet. Doch er ist wichtig, denn er ist eine Pionierpflanze, die brachliegende Flächen im Nu neu besiedelt. In solchen Pionierpflanzen steckt besonders viel Power! Sie können das grüne Kraut vom Giersch wie Spinat zubereiten. Seine Blätter enthalten doppelt so viel Vitamine C wie der viel gerühmte Grünkohl und das Fünfzehnfache der Petersilie. Und ein leckeres Pesto ist ebenso schnell hergestellt.

Wissen Sie was? Warum lange um den Giersch herumreden? Hier ist mein Rezept für das berühmte Giersch-Pesto von Bruder Otto. Nun ja, vielleicht ist es noch nicht ganz so berühmt, aber das kann ja noch werden, schließlich steht es jetzt in diesem Buch:

Bruder Ottos Spezialitäten

Giersch-Pesto

Sie brauchen:

- 1 Handvoll Giersch-Blättchen
- je 3 Blüten- und Samendolden vom Giersch
- 1 Handvoll Walnüsse
- 1 Knoblauchzehe
- 1 TL grobes Meersalz
- 5–6 EL gutes (Oliven-)Öl

Und so wird's gemacht:

- Giersch fein hacken
- Walnüsse fein hacken
- Gierschblüten und -samen fein hacken
- Knoblauchzehe im Mörser mit Meersalz zu einer Paste reiben
- alle Zutaten mischen
- Olivenöl zugeben

Alles gut miteinander vermengen und dabei noch etwas stampfen, dann ca. 1 Stunde ziehen lassen.
Zum Aufbewahren im Glas mit Öl bedecken.

Ein weiteres Wunderkraut oder Superfood ist die Brennnessel. Leider hat die Brennnessel keinen besonders guten Ruf, und das will ich gern ändern. Die Brennnessel steckt voller Mineralstoffe, Vitamine, Eiweiß und Spurenelemente. Wenn ich es so richtig bedenke, passt sie bestens in die Welt eines Franziskaners, zeigt sie doch, dass Gottes Gaben keine pompöse Verpackung brauchen.

Sie können Brennnesseln wie Spinat zubereiten, aber auch der blutreinigende Brennnesseltee ist wertvoll, und ich persönlich mag die Blätter gern als Chips aus der Pfanne. Gegen das lästige Brennen ist auch ein Kraut gewachsen: einfach mit der Küchenrolle ein paarmal drüber gehen, dann sind die Brennhaare aufgebrochen. Das geschieht auch im Mixer, was bei meinem Lieblings-Smoothie-Rezept von Vorteil ist.

Grüner Smoothie mit Brennnesseln

Sie brauchen:

- 1 Handvoll junge Brennnesselblätter
- 1 Esslöffel getrocknete Brennnesselsamen, über Nacht in 0,25 Liter Wasser eingeweicht
- 1 kleinen Apfel
- ½ Avocado
- 1 Handvoll Feldsalat oder Rucola

Und so wird's gemacht:

- Brennnesselblätter abzupfen und waschen
- Feldsalat und Rucola putzen und waschen
- Apfel vierteln; das Kerngehäuse kann ebenfalls verwendet werden.
- Avocado mit einem Löffel ausschälen
- Alles in den Mixer füllen, gut durchmixen, fertig.

Kein bisschen einsam

Wenn Sie dieses Buch bis hierher gelesen haben, ist Ihnen klar geworden, dass Sie wie viele Menschen auch vielleicht eine etwas verklärte Sichtweise auf das Leben eines Eremiten im 21. Jahrhundert haben. Manche meiner Besucher sind fast ein wenig enttäuscht, weil ich nicht in einer Höhle lebe mit nur einer Kerze darin. Kommen wir dann ins Gespräch, heißt es trotzdem schnell: »So allein und abgeschieden könnte ich nicht leben.« Ich erwidere dann, dass ich keineswegs allein lebe, und damit meine ich nicht, dass man mich in den sozialen Netzwerken kennt. Ich spreche davon, dass Gott immer bei mir ist und er sich in allen Lebewesen rund um meine Klause manifestiert – und das sind wirklich viele!

Lenke ich dann die Unterhaltung darauf, dass viele Menschen ungewollt einsam sind, erlebe ich häufig einen nachdenklichen Gesprächspartner. Viele kennen »diese alte Frau« oder »den etwas kauzigen Mann«, die »niemanden haben«. Da bohre ich dann gern mal nach: »Wenn Sie diese Menschen kennen und auch wissen, dass sie einsam sind – tun Sie was dagegen?« Meist ist die Antwort betroffenes Schweigen.

Es ist seltsam: Unsere Gesellschaft ist derart auf Kommunikation und Austausch aus, weshalb Facebook und Instagram boomen, und doch verlieren sich immer mehr Menschen in unfreiwilliger Einsamkeit. Das hat die Corona-Pandemie noch verstärkt. In vielen Städten leben die Leute auf engstem Raum und haben nichts miteinander zu schaffen. Mein nächster Nachbar wohnt einige Kilometer weit entfernt, doch wir kennen uns gut. Gegen Einsamkeit gibt es ein Rezept mit drei Zutaten: Aufeinander zugehen. Miteinander sprechen. Zuhören. Diese Zutaten kann jeder von uns mit ein bisschen gutem Willen verwenden.

Praxisübung: **Die Einsamkeit aufbrechen**

Vielleicht tun Sie das ja schon, doch für viele Menschen ist es ein schwer zu überwindendes Hindernis: Wenn Sie das nächste Mal einem obdachlosen Menschen begegnen oder einem Bettler, der auf der Straße Almosen erbittet, geben Sie ihm bitte nicht nur einen Obolus, sondern sprechen Sie ihn an. Überwinden Sie Ihren Widerstand! Seien Sie freundlich, gehen Sie nicht einfach vorbei. Tragen Sie dazu bei, die Einsamkeit eines Menschen aufzubrechen, der am Rande der Gesellschaft lebt.

Ich habe die Einsamkeit selbst gewählt und bin mir des Privilegs meiner eigenen Entscheidung bewusst. Schließlich hatte ich genügend Zeit, um mich auf sie vorzubereiten. Man wird nicht hopplahopp Eremit. Meinen langen Weg dorthin habe ich Ihnen bereits geschildert, fehlt nur noch die Zielgerade. Und die begann ausgerechnet mit einer skurrilen Begegnung mit der Polizei. So ist das eben: Der Weg in die Einsiedelei ist mit überraschenden Hindernissen gepflastert.

11. DIE KLAUSE SANKT JAKOB

Ich war schon ein bisschen nervös an diesem Tag. Vor einiger Zeit hatte ich die Diözese in Villingen aufgesucht, um zu fragen, ob man mir auf der Suche nach einer geeigneten Eremitage helfen könnte. Sie wissen ja, Gottes Wege sind unergründlich, und so war ich erfreut, als sich bald darauf eine freundliche und kompetente Mitarbeiterin meldete. Man wisse was, hieß es – drei Worte, die mein Herz höherschlagen ließen, und wir vereinbarten einen Termin.

Endlich besuchten wir gemeinsam Sankt Jakob, und ich schaute mir alles an. Das war der Tag, als ich mich nur kurz in der Kapelle aufhielt, weil sie mir zu überladen erschien. Alles andere dagegen sagte mir zu. Noch war nicht sicher, ob ich die Eremitage übernehmen konnte, doch ich dachte mir: *Der liebe Gott wird es schon richten.*

Was er auch tat. Und so kam der Tag, an dem ich mich im Allgäu ans Steuer eines Autos setzte, das ich kurz zuvor für vierhundert Euro gekauft hatte, um mich und meine Habseligkeiten nach Sankt Jakob zu verfrachten. Das Auto hatte vorher einem ambulanten Pflegedienst gehört, was noch groß und breit auf den Seiten zu lesen war. Just als ich in Wolfach ankam und rasch in einem Laden was einkaufte, erhielt ich einen Anruf vom Vorbesitzer. Die Polizei aus dem Schwarzwald-Städtchen hätte sich gerade gemeldet, hieß es, und gefragt, ob womöglich ein Auto des Pflegedienstes gestohlen worden sei? Wenn ja, stehe es auf dem Parkplatz des örtlichen Supermarkts. Da saß ich und musste laut lachen. *Also, hier kann dir nichts passieren. Hier passt man auf dich auf!*

Es gibt einen Fahrweg hoch zur Klause, der in einen holprigen Waldpfad mündet, an dem dieses Auto irgendwann scheitern sollte. Doch an diesem ersten Tag tuckerte es folgsam bis vor die Klause. Erwartungsfroh öffnete ich die Tür. Drinnen traf mich fast der Schlag. Bei meiner Besichtigung war sie mit allem Nötigen eingerichtet gewesen. Nun war sie leer. Irgendjemand hatte alles rausgetragen, selbst den Topf, die Pfanne und die Kaffeetasse. Schränke? Fehlanzeige. Regale? Abgeschraubt. Holz zum Heizen? Schön wär's. Zuerst sah ich mich fassungslos um, dann musste ich lachen. Wenn es ein Zeichen für einen echten Neuanfang gab, dann hatte ich es gerade erhalten.

Schwellenwärter haben ihre Berechtigung

Immer, wenn wir bereit sind, ausgetretene Pfade zu verlassen, um ein neues Leben zu beginnen, türmen sich vor uns erst einmal so manche Hindernisse auf. Der amerikanische Mythenerforscher Joseph Campbell spricht in seinem Hauptwerk »Der Heros in tausend Gestalten« vom sogenannten »Threshold Guardian«, also dem »Schwellenwärter«. Diesen kennen wir als Motiv aus unzähligen Märchen, Filmen und Romanen: Die Heldin oder der Held treten zu einer Reise an. Bevor sie das neue Land erreichen, hängen sie erst mal an der Grenze fest, weil der Grenzwächter sie nicht reinlässt.

Denken Sie daran, wie ich als junger Bursche vor dem Zen-Kloster hockte und keiner die Tür öffnete. Das war auch so ein Schwellenwärter. Hätte ich mich damals abweisen lassen, hätte ich die Erfahrungen im Zen-Kloster nie gemacht. Ein Schwellenwärter will also überwunden werden, und sehr oft lautet die Erfolgsstrategie »Beharrlichkeit«. Wir dürfen nicht aufgeben, wenn die Dinge anders laufen, als wir es uns wünschen. So ist ein Schwellenwärter am Ende nichts anders als die göttliche Prüfung, die von uns wissen will: *Bist du reif für deine neue Aufgabe?*

Auch die leer geräumte Klause war ein Schwellenwärter. Doch das konnte mich nicht davon abhalten, frohgemut mein neues Leben als Eremit zu starten. Und siehe da, kaum hatte ich diesen Schwellenwärter hinter mir gelassen, geschahen viele kleine Wunder. Schon bald türmten sich in meiner Klause Brot und Salz. Kennen Sie diesen schönen Brauch, Neuankömmlinge mit dem Vers »Brot und Salz, Gott erhalt's« zu begrüßen? Das taten die Menschen aus Wolfach und Umgebung in den nächsten Tagen. Der Empfang hätte nicht herzlicher ausfallen können. Daher fühlte mich vom ersten Tag an nicht nur gut beschützt, sondern auch bestens angenommen, und das ist bis heute so geblieben.

In den kommenden Tagen richtete ich mich mit dem Nötigsten ein. Außerdem begann ich den Wald zu erkunden. Schon wieder gerate ich ins Schwärmen! Ich war fasziniert von der Vielzahl der Grüntöne, die mich umgaben, und so drang ich tiefer in den Forst vor und suchte Orte abseits der Wege auf. Oft stieß ich auf uralte Weiden, Energie spendende Kraftplätze und stille Lichtungen voller Kräuter und Pilze. Gar nicht weit entfernt von der Klause entdeckte ich eine alte Weide. Unter diesem Baum kann ich stundenlang sitzen. Hier erde ich mich.

Wir haben schon über verschiedene Formen der Zeit gesprochen, und ein Baum hat ein ganz anderes Zeitmaß als wir. Wenn wir uns gerade mal ein paar Minuten Zeit nehmen, um unter ihm zu sitzen, registriert er uns nicht. Das ist ihm viel zu hastig. Sitze ich dort aber für mehrere Stunden, fühle ich mich auf einmal mit ihm verbunden. Dann werde ich selbst zu einem Wesen des Waldes. Und wissen Sie, welches Gefühl dann groß und mächtig wird? Dass wir Menschen bei Weitem nicht so wichtig sind, wie wir glauben! Wir sind ein Teil der Schöpfung, und die Betonung liegt klar auf »ein Teil«. Würden wir uns weniger wichtig nehmen, ginge es dieser Schöpfung besser. Zwar können wir Menschen viele Probleme lösen, doch die meisten davon schaffen wir schon selbst.

Der Baum, unter dem ich sitze, schafft dagegen keine Probleme. Dafür löst er welche: Er sorgt für den Sauerstoff, den wir einatmen. Da sitze ich also, und das »Buch Mose« kommt mir in den Sinn, in dem es heißt: »Und die Erde ließ aufgehen Gras und Kraut, das sich besamte, ein jegliches nach seiner Art, und Bäume, die da Frucht trugen und ihren eigenen Samen bei sich selbst hatten, ein jeglicher nach seiner Art. Und Gott sah, dass es gut war.«

Ja, es ist gut hier oben in der Klause Sankt Jakob. Nachdem ich am Anfang die Kapelle nur sporadisch aufgesucht hatte, weil sie mir zu prunkvoll und überladen war, bemerkte ich nach einiger Zeit, wie gut sie sich für Musik eignet. Das ist ja oft so in Domen, Kirchen und Kapellen: Ihre Erbauer wussten ganz genau, wie man darin Musik zum Klingen bringt. Nicht fürs Sprechen und Predigen wurden sie geschaffen, sondern fürs Singen und Musizieren. Inzwischen suche ich sie gern auf, um darin zu singen, aber auch, um mit Jesus Christus zu sprechen, ganz so, wie Sie das vielleicht aus den Geschichten über »Don Camillo« kennen. Trotzdem bleibt meine wahre Kirche der Wald: Dort verrichte ich meine Andachten am liebsten, weil ich Gott in der Natur finde.

Alle Arten von Pilgern

So geht es nicht nur mir, so geht es auch den Pilgern, die regelmäßig hier vorbeikommen. Die meisten sind auf dem Weg nach Santiago de Compostela und tragen etwas mit sich, dass meist schwerer wiegt als der Rucksack auf ihren Schultern: Fragen, Schuldgefühle, Trauer. Meist kommen wir schnell ins Gespräch miteinander. Manche bleiben für einige Zeit, andere haben es eilig. Die meisten sind perfekt für die lange Wanderung ausgerüstet. Aber dann gibt es auch wieder Pilger, da bleibt selbst mir der Mund vor Staunen offen stehen.

Erst vor wenigen Tagen saß ich auf dem Bänkchen vor der Klause, als eine Frau aus dem Wald trat. Sie hatte keinen Rucksack auf dem Rücken, sondern balancierte eine Stange auf den Schultern, an deren Ende zwei Eimer hingen. Gekleidet war sie in Filz.

»Hallo, wohin des Weges?«, begrüßte ich sie.

»Nach Compostela.«

»Und, läuft es gut? Klappt es mit der Ausrüstung?«

Von meiner Klause aus sind es gut und gern 2000 Kilometer bis ans ersehnte Ziel. Einen Pilger mit zwei Eimern hatte ich noch nie angetroffen.

»Ich habe auf die Schnelle nichts anderes gefunden«, sagte die Frau. Sie sprach etwas an, von dem viele berichten: Sie brechen ganz spontan zu ihrer Pilgerreise auf, weil sie einen Impuls verspürt haben, dem sie nicht widerstehen konnten. Dann müssen eben auch mal zwei Eimer als Rucksackersatz herhalten. Das macht nichts. Auf dem langen Weg ergeben sich genug Möglichkeiten, um die Ausrüstung zu ergänzen. Das klappt auch in die andere Richtung: Ich habe Pilger gesehen, die waren perfekt ausgerüstet. Sie hatten alles dabei, ihr Rucksack wog 20 Kilogramm. Dieser Rucksack ist das Sinnbild für die »andere Last«, die sie mit sich schleppen: die Fragen, die Schuldgefühle, die Trauer. Sowohl diese Last als auch der schwere Rucksack werden unterwegs immer leichter: Die Pilger geben immer mehr ihres Besitzes weg und lassen gleichzeitig immer mehr Fragen hinter sich.

Manche der Pilger sind noch immer in der Hektik ihres Alltags gefangen. Ein junges Paar kommt mir da in den Sinn, das mit dem Hund unterwegs war. Während ich das Tier versorgte, sah ich die beiden mit gezückten Handys zwischen Klause und Kapelle hin- und hertigern.

»Wir haben hier kaum Empfang«, rief ich ihnen zu, doch sie achteten nicht darauf. Den Blick fest auf die Balkenanzeige auf dem Screen gerichtet, liefen sie hektisch auf und ab. Auch das wird sich noch geben, war ich mir sicher. Es braucht genauso viel Zeit, um sich ans Pilgerleben zu gewöhnen, wie an das Leben als Eremit.

Ich frage alle Pilger: »Hast du deinen Stein dabei?« Denn so will es der Brauch: Als Symbol für alles, was wir an seelischer Last mit uns schleppen, packt der Pilger einen Stein ins Gepäck. Der sollte nicht zu groß sein, aber auch nicht zu klein. In Santiago wird er auf einem großen Haufen abgelegt, der den Stupas in Tibet ähnelt.

Sterbebegleitung

Als ich aus Japan zurückkehrte und Nürnberg zu meiner neuen Heimat wurde, engagierte ich mich dort in der Aids-Hilfe. Zu dieser Zeit war das fast immer eine Sterbebegleitung, weil es noch keine wirkungsvollen Mittel gegen die HIV-Infektion gab. Sterbebegleitung bedeutete für mich auch, dass ich den Menschen letzte Wünsche erfüllte, so weit es mir möglich war. Ein junger Mann, der schon nicht mehr gehen konnte, so schwach war sein

Körper bereits, wünschte sich inständig, noch einmal mit seinen Freunden in eine Diskothek zu gehen. Für ihn ließ ich von einem Bekannten ein Wägelchen zimmern, in dem ich ihn zur Diskothek schob. Dort verbrachte er einen wunderbaren Abend. Zwei Tage später starb er.

Wenn wir sterben, kehren wir zu Gott zurück, und dann, da bin ich mir sicher, sprechen wir über unsere Erfahrungen auf Erden. Das Leben hier ist für mich eine Zwischenstation, um zu lernen. Aus diesem Grund leben wir auch in der Dualität: Gutes kann es nur geben, wenn es auch Schlechtes gibt, und so wie es Licht gibt, gibt es auch Schatten. Wer Gutes bewirken will, muss zwangsläufig das Schlechte kennen. Daher macht es keinen Sinn, davor die Augen zu verschließen.

Es gibt nur einen liebenden Gott, keinen strafenden, auch wenn meine Kirche über die Jahrhunderte hinweg ein anderes Bild gezeichnet hat. Weil ich das Bild des liebenden Gottes vermitteln wollte, weil ich schon viel Erfahrung in der Sterbebegleitung gesammelt hatte, und auch, weil ich als Eremit für meinen Lebensunterhalt sorgen muss, war es meine Absicht, in Wolfach in der Altenpflege mitzuarbeiten. Dort nahm man mich freudig auf. Auch wenn der Weg dorthin vor allem im Winter beschwerlich ist, machte mir die Arbeit von Anfang an viel Freude. Werde ich gefragt: »Wie jetzt? Der Einsiedler arbeitet?«, was in dieselbe Richtung geht wie »Ach, Sie leben nicht in einer Höhle?«, erzähle ich gern von meinen Beweggründen.

Bei der Sterbebegleitung habe ich mich mit COVID angesteckt. Und während ich diese Worte formuliere, befinde ich mich mitten in der Chemotherapie aufgrund meiner Krebs-Erkrankung. Deshalb geht alles ein bisschen langsamer, aber wir haben ja Zeit, nicht wahr? Hauptsache ist, wir geben nicht auf. Wenn dieses Buch erscheint, da bin ich zuversichtlich, sitze ich wieder vor meiner Klause und begrüße vorbeikommende Pilger. Natürlich auch jene, die zwei Eimer auf einer Stange balancieren.

Und so sind wir nun am Schluss angekommen. Ja, mein Leben gleicht einer Pilgerreise, doch ich bin mir sicher: Ihres auch! Wir sind Pilger auf der Reise zu Gott. Die Erfahrungen, die wir unterwegs machen, sind das, was wir am Ende als »mein Leben« bezeichnen. Das zeigt schon mal, dass es nicht auf schnöden Besitz ankommt, sondern darauf, unsere Zeit auf Erden so gut wie möglich zu nutzen, für uns und für unsere Mitmenschen. Genießen Sie diese Zeit, denn sie ist ein wertvolles Geschenk.

In diesem Sinne wünsche ich Ihnen ein herzliches »Gott sei mit Ihnen«. Und falls Sie einmal nach Wolfach kommen, schlagen Sie doch den Weg durch den Wald nach Sankt Jakob ein.

Ich freue mich auf Sie!

DANKSAGUNG

Wenn ein Buch erscheint, steht immer der Autor im Vordergrund. Das ist nicht besonders fair, weil es vieler Menschen bedarf, die eine solche Publikation erst ermöglichen. So war es auch bei mir. Diese lieben Menschen, die mir während des Schreibens eine große Hilfe gewesen sind, sollen hier besondere Erwähnung finden. Ich hoffe, dass ich an alle gedacht habe:

Die Agentin Christine Proske hat an mich geglaubt und mich auf wunderschöne Weise unterstützt. Jakob Mallmann, Christina Hunsdorfer und das ganze Team vom Integral Verlag: Ihr seid einfach toll, habt vielen Dank!

Danke auch meinen Patientinnen und Patienten, die ich pflegen und betreuen darf und die mir sehr viel mit auf meinen Weg geben. Und einen ausdrücklichen Dank möchte ich meinen Mitschwestern und Mitbrüdern auf dem eremitischen Weg aussprechen.

In meinem Leben gab es eine Phase, in der ich keine Freude mehr empfand, in der mich niemand ansprach und in der ich dachte, ich würde vor Einsamkeit umkommen. Ich weiß, dass mein eigentliches Glück nicht darin besteht, dieses Buch veröffentlicht zu haben, sondern darin, dass ich so vielen Menschen dafür danken darf.

Das Beste, das mir auf diesem Weg passiert ist, war die Begegnung mit Daniel Oliver Bachmann. Am Anfang dachte ich: *Was will er wohl von mir?* Doch am Ende hat er mich durch alle Höhen und Tiefen hindurch begleitet. Dieser Mensch ist ein unschätzbares, wunderschönes Juwel unter den Autoren. Toll fand ich, als er spontan zusagte, im Film »Erst Punk, dann Einsiedler«, den der SWR drehte, mit mir zusammen in der Kapelle Sankt Jakob Musik zu machen. Danke dir, Daniel!